OHSAMA BUNKO

本当は怖い世界史

堀江宏樹

三笠書房

はじめに……心の闇がひらくとき、歴史の歯車が回り出す

いつの世も、人間の本質は変わりません。

そして**人間の心ほど底知れない、怖いものはありません。**

世界の歴史を動かしてきたのは、英雄だったり、偉人だったり、ミステリアスな人物であったりしました。

しかし、その心のうちを知ると、私たちと同じ1人の人間であり、ときには、ずるさ、野心、欲望、愛執、といったものに囚われていました。

そんな**「心」こそが、世界の歴史を動かしてきた**のです。

たとえば本書では、お馴染みの偉人たちの裏の顔についてお話ししています。キュリー夫人やナイチンゲールの偉業は、「女などとるに足らぬもの」という世間の評価を覆すべく、彼女たちが苦闘した結果生まれました。しかし、その過程には少なからず**鬼気迫る「何か」**が感じられます。

日本では非暴力の人徳者の顔のみが知られるガンジーも、実際は奇妙な内面を宿した暴君のような人物でした。**彼らの偉業とは、彼らが抱えていた心の闇の深さの裏返し**だといえるでしょう。

また、クレオパトラや玄宗《げんそう》のような〝権力者や君主〟たちも、**男女の愛執**に振り回されました。天下のナポレオンが悪妻ジョゼフィーヌに苦しめられたものの、彼女との離婚後には没落してしまったのを見ると、彼の偉業は、愛憎の苦しみを原動力にしていたからこそ成し遂げられたのではないかという観があります。

「権力」をめぐる人間の飽くなき欲望も、それが膨らんでいくほどに、野蛮で恐ろしい行為を伴います。たとえば、16世紀のロシアで絶対権力者「ツァーリ」を名乗り、各地で非道な破壊行為を行なった「雷帝」イヴァン4世。民衆を恐怖で支配しようとするのは権力者の常套《じょうとう》手段ではありますが、ほかならぬ彼自身が、権力を失ってしまう恐怖に日々支配されていたのです。

恐怖ゆえに野蛮になる――それは、強き者だけではなく、弱き者も同じことです。

1人の人間は弱く臆病な生き物ですが、**集団になると驚くほど大胆になり、残酷なことをも平然とやってのける**ようになります。中世ヨーロッパで巻き起こった「魔女狩り」は、天変地異や戦乱などが起こり、世の中に不安が広まるとともに過激になっていきました。

さらに、ヒトラーのように**心に悪魔を棲《す》まわせた人物**が、民衆に支持され、世界を恐怖に陥れたこともありました。第二次世界大戦時のナチスの蛮行などを見ていると、人間には本当に理性があるのだろうか？　という思いに囚われるのは筆者だけではないでしょう。

「狂気」の入り口は、すべての人の前で、ぽっかりと口を開けて待っているのかもしれません。

このように、人間の心の闇がひらくときに、歴史の歯車が大きく回ってきたのです。

教科書には絶対に書かれない、リアルすぎる人間模様がここにあります。

本書で取り上げるエピソードを知れば、歴史上の人物たちが、まるで週刊誌の中で見るように、より身近に、生々しく迫ってくるはずです。

誰もが知る世界史の、知られざる〝怖い側面〟を、再発見してください。

堀江　宏樹

もくじ

4章

無知にして残酷……「民衆」のもつ力
——人は集団になるほど、過激になっていく

5章

「女」ほど、怖い生き物はない

――その愛、その情熱、その凄まじい執念

6章

人の「心に棲む悪魔」が現われる

――〝理性〟と〝狂気〟がせめぎ合う瞬間

イラストレーション◎にしざかひろみ
写真提供◎Granger / PPS通信社（15ページ）、AGE / PPS通信社（37ページ）、AKG / PPS通信社（95ページ）、Heritage Image / PPS通信社（103ページ）、Universal History Archive / PPS通信社（111ページ）、Granger / PPS通信社（149ページ）、Josse Christophel / PPS通信社（185ページ）、Universal History Archive / PPS通信社（223ページ）、Rex Features / PPS通信社（231ページ）、共同通信社（21ページ、247ページ）

1章

誰もが知る人物の「恐ろしい真実」

——隠そうとしても、隠しきれなかった〝裏の顔〟

キュリー夫人はなぜ放射性物質《ラジウム》を素手で触って平気だったのか

キュリー夫人ことマリー・キュリー。

またの名を「放射能の母」。

マリーとその夫ピエール・キュリーの実験場で、放射性元素であるラジウムが精製されたとき、光り輝くその物質を見て、2人は夢が叶ったと思ったはずです。

「精製に成功したとき、きれいな物質だったらいいよね」

と話し合っていた記録がありますし、その後も2人はラジウムを我が子のように愛していました。ラジウムはキュリー夫妻にとって、たんなる研究成果にとどまらず、文字通り2人の愛情の結晶だったのですが……その輝きはいうまでもなく毒の光でした。

「高濃度のラジウムを含むわたしたちの抽出物のどれもが自然発光するのに気付き、

とりわけ嬉しく思った。夫はそれらが美しい色を帯びていることを望んでいたのだが、このもうひとつの意外な特色（発光性）からさらに大きな満足感を味わった」

そんなふうに、2人でウットリと、ラジウムの光を眺めていたともいいます。

2人の〝愛の結晶〟がもたらす、恐ろしい激痛

当時から、キュリー夫妻にも「ラジウムは危ないかも」という認識はあったようです。でも主にマリーが、ラジウムが悪い物質なわけがないと信じ込み、健康被害とラジウムとの因果関係を認めようとしなかったのですね。

2人は基本的に素手で（！）、ラジウムを取り扱っていました。

「指先は硬くなり、ときには強い痛みがある」

「指先の炎症は十五日間続き、皮膚がはがれ落ちて終わった。しかし、2ヵ月たっても痛みは消えていない」（以上、スーザン・クイン『マリー・キュリー』）

これらはキュリー夫妻の報告書の一節ですが、「恐ろしい」のひと言です。

後年、ピエール・キュリーはラジウムの害によって心身を病んでしまいました。そして（ノーベル賞を受賞した科学者なのに）あやしい心霊主義の集会にまで通い、

「救い」を見出そうとするほどの不調を感じていたのです。彼は回復することなく交通事故に巻き込まれ、亡くなりました。

しかし、鉄の女・マリーだけは違いました。なぜでしょうか、長年のラジウム漬けの生活にもかかわらず、深刻な健康被害は彼女にはなかなか表われなかったのです。後には白内障で失明し白血病で亡くなっており、これは長年の放射線被曝の影響と思われますが、本人は頑《がん》として因果関係を認めませんでした。

「ラジウムを持ち歩くのがステイタス」だった社交界

実際には、マリーは根性と研究への熱意で不調を乗り切っていたのでしょうが、周囲は、マリーがあれだけ元気なんだから、ラジウムの被害なんて大したことないと思い込んでしまったのですね。

世間には「ラジウム＝身体に良いモノ」という誤解さえ生まれてしまったのです。ラジウムがキュリー夫妻によって発見された20世紀初頭、「放射能ブーム」が巻き起こり、ヨーロッパの社交界ではラジウムを持ち歩くことが、流行《はや》ってさえいたのです。

たとえば当時、**ロンドンではラジウムの粒子（いうまでもなく猛毒です）が詰めら**

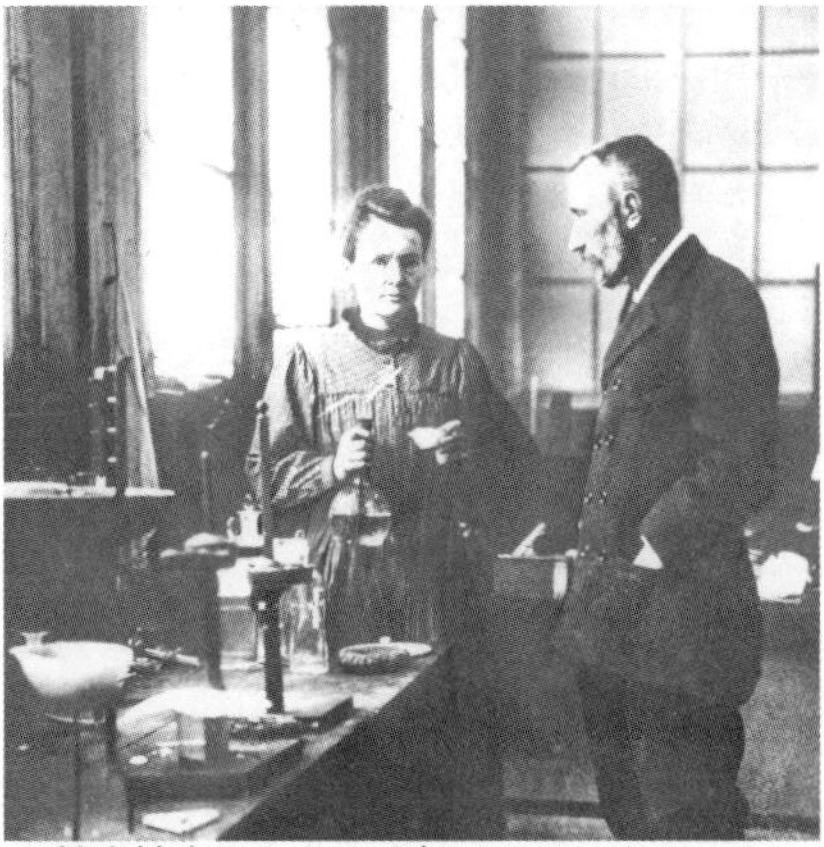

ラジウムの健康被害にまったく気づいていなかったマリーと夫

れ、それがキラキラ輝くのを拡大鏡で覗くための「スピンサリスコープ」という真《しん》鍮《ちゅう》の管が発売されて大人気に。

　これをクリスマスの贈り物にしようと、争って買われたのだそうな。無知とは最強だと思わせられます……。


　スーザン・クインという学者の著書『マリー・キュリー』によると、１９２９年のヨーロッパで、成分が放射性であることを謳《うた》った特許医薬品は、なんと80品目もあったそうです。

　いわく、「身体によろしい放射性効果のある」入浴剤、座薬、歯磨き粉、チョコレート・キャンディなどはもちろん、**「マリー先生が永遠の若さを約束する」若返り**

クリーム、放射能で薄毛や白髪を治す「キュリー・ヘアトニック」などの医薬品が堂々と売られていたそうです。

きわめつきは、ラジウムを溶かした注射用液の登場でした。第一次世界大戦で傷ついた兵士には「ラジウム溶液の静脈注射」がなされていた場合もあったのです。そして、マリーはこれらラジウムを使った「サービス」を誇りにしていたとか。

「本が読めないほどに頭が疲れたら、数学の問題を解き、脳を再活性化させて集中力を取り戻す」と語ったマリー・キュリー。

その並外れたエネルギーと知性を支えたのは、放射線にも蝕《むしば》まれぬ鋼鉄のような肉体と、盲目的なまでの**「あんなに美しい物質が毒のわけがない、安全だ」という思い込み**……。ラジウムはマリーという女の業を象徴する元素だったのです。

そんなマリーも、1934年、白血病で亡くなりました。少なくとも本人は、長年にわたるラジウムの研究と白血病は無関係だと信じたままの死でした。

偉人であり続けるために、ガンジーの周囲が〝隠していた秘密〟

マハトマ・ガンジーは20世紀を代表する偉人の1人です。「マハトマ」とは彼の本名ではなく、**「偉大な魂」**という意味です。本人は自分がマハトマだとは、一度も名乗ったことがなかったそうですよ。

ガンジーが「偉大な魂」の持ち主と呼ばれるようになったことには、二つの功績があります。100年近く、イギリスの植民地だったインドを独立国に戻したこと。それも「非暴力主義」を貫きながら行なったこと……という2点ですね。

これらが全世界的に認められたガンジーは、「偉大な魂」の持ち主と呼ばれて当然のように思いますが……彼の思想と行動には表と裏、深刻な矛盾が常に含まれていました。ハッキリいうと、周囲、とくに身内には非暴力どころか、暴力的だったのです。

「平等」を求める裏で、捨てられなかったもの

ガンジーはインド人の自由や平等を求めたとされますが、その一方で、インドの伝統的な身分制度に固執し続けました。

ガンジーは敬虔《けいけん》なヒンズー教徒でした。ヒンズー教で人間は、完全世襲の四つのカーストに分かれています。バラモン（司祭）、クシャトリヤ（王侯貴族）、バイシャ（庶民）、シュードラ（奴隷）。さらにダリットという「不可触民」までいます。ちなみにシュードラ以下は、人口全体の85％という圧倒的多数を占めているのですね。

ところがインドでは、世襲の身分と職業文化がくっついているので、カーストの解体＝インド社会や伝統文化の解体を意味するのです。これをガンジーは憂《うれ》えたのです（イメージとは異なりますが、彼は右翼的な思想家でした）。

自分の周囲の人々には、カーストにすら入ることを許されない不可触民との結婚を勧める一方で、**自分の息子が、身分の低い階級のイスラム教徒の女性と結婚することには大反対**するなどの行動を見せています。

それもすべては、ヒンズー教という伝統的な価値観を重んじたため。ガンジーは政

治家・思想家と呼ばれますが、実際のところは、ヒンズー教の聖人になろうとして、ビミョーに失敗してしまった御仁《ごじん》ではないかとも思われます。

13歳で結婚したガンジーが「禁欲」を誓うまで

聖人となるため、ガンジーは絶対禁欲を守ろうとしました。そしてそれに失敗し続けたのです。1882年、彼は13歳で、同い年のカストゥルバという女性とお見合い結婚をしています。ガンジーは当時まだ、中学生でした。

当時のインドでは13歳という年齢でも、結婚が可能でした。1973年に「男子21歳、女子18歳」という結婚可能年齢が定められましたが、それ以降も、女性自身が幼児婚を拒否する権利はなく……要するに、幼い娘を親が無理矢理に嫁がせてしまう状況がいまだにあるわけですね。

そもそも伝統的にヒンズー教社会では、高いカーストの出身者ほど幼い妻をめとります。これを「幼児婚」といいますが、この制度が幼児への性的虐待のカモフラージュになっていることは否定できません。

さて話をガンジーに戻すと、男子の性欲が一番おさかんな時期を、妻とやりまくって過ごし（無学な彼女に文字を教えようとしていたのに、夜、2人っきりになると……みたいな言い訳をしつつ）、18歳で早くもパパになっているのでした。

「寒いから」という理由で、全裸の少女に——

一方的なセックスライフを送っていたガンジーですが、生まれたばかりの子や妻と離れ、18歳からイギリスに留学するうちに（当時のイギリスは禁欲主義がフツーだった）、自分の奔放な性のありかたに違和感を持ってしまったようです。

しかし、若いときは禁欲などできず、おそらくは性欲が落ち着いた頃だったのでしょう、37歳で世間に向かって「セックスしない宣言」をしてしまいます。このガンジーの決心は、当然のように妻・カストゥルバにはなんの相談もないままのものでした。

後にガンジーは、支援者に宛ててこんな手紙を書いています。

「わたしの妻は、（性的）欲望の対象であったとき、劣等者でした。だがわたしの隣に、裸で妹として寝るようになってからは、もう劣等者ではなかったのです（ヴェド・メータ『ガンディーと使徒たち』）」

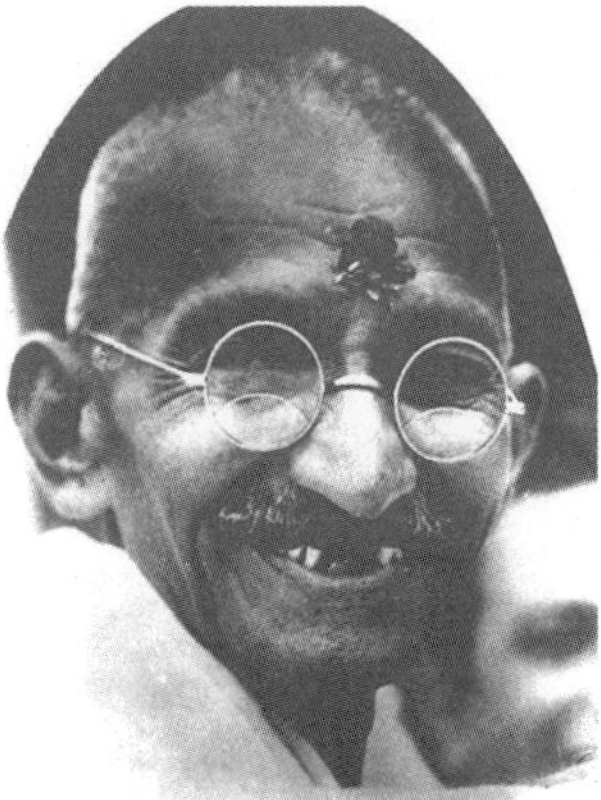

ガンジーの「絶対禁欲」の定義とは――

もはやここまで断言されたら、ツッコミのしようもないですよね。

しかも、晩年のガンジーの隣で眠ったのは、妻だけではありませんでした。

ガンジーを看護していた美人女医スシーラや、少女、支持者・親族の妻までを含む、それはさまざまな女性に、全裸となり添い寝することを求めたのです。

ガンジーは、1人で眠るのが寒くてつらいとの理由で、甥《おい》の妻のアバーという女性も裸にさせ、自分に添い寝させていました。

さすがに甥はこれに難色を示し、「温まりたいだけなら、妻の代わりにぼくがあなたを温めましょう」と言いました。しかし、ガンジーは、甥の忠言を断固拒絶しています。

ガンジーの添い寝に全裸で付き合い続けた、マヌという少女は**「なぜお母さんと寝るのがダメなの！」**と言ったそうな。周囲の女性には自分を「お母さん」と呼ばせていたのです……。

ガンジーの「絶対禁欲」の目的は、自分が男性であることを克服することで、自らを女性化／両性具有化することだったそうです。

ガンジーのホントの偉大さって、どこにあったのでしょう。

それは彼が「謎の男」だったから。宗教的な聖人と、世俗的な政治家の間をつなぐ存在だったから。そして民衆の視線を自分に惹《ひ》きつける、希代《きだい》の「タレント」だったからだ、と筆者は思うのです。

ナイチンゲールの看護の実態は、さながら「死の天使」だった？

フローレンス・ナイチンゲールが、豪遊して一生暮らせるほど裕福な英国人の両親のもとに生まれたのは、１８２０年のこと。彼女の名前である「フローレンス」とは、イタリアのフィレンツェのことです。

彼女が生まれたのは、両親のイタリアへの新婚旅行の途中でのことでした。貧富の差がハッキリしていた当時のイギリスですが、異国の地で何年にもわたる新婚旅行を続けるほどの財力があったのがナイチンゲール家です。

その令嬢であるフローレンスには、蝶《ちょう》よ花よと育てられ、年頃になれば社交界にデビュー、父親と同じような資産家のご令息と結婚……という何不自由ない安泰な暮らしが待っていたはずです。

上流階級出身ながら、看護の道を志した〝不思議ちゃん〟

しかし、フローレンスは違いました。「私は特別な人間」という思いが、彼女を支配していたのです。フローレンスはすでに17歳で、キリストの光り輝く頭部を幻視《げんし》し、「われに仕えよ」という声まで聞くという、超自然現象を体験していました。

そんな経緯もあって、フローレンスは、自分がキリストに仕える方法として、何がベストなのかを模索していました。インテリの父親による教育が終わる20歳くらいから、理系女子のフローレンスは「数学者になりたーい」と言いだし、両親を困らせました。さらに24歳頃から「看護婦になりたーい」とか「病院で働きたーい」と言うようになると、母親や姉はショックで失神するほどでした。

当時、病院に行かねばならないのは下層階級だけでした。なぜかというと、上流階級はドクターを自宅に使用人同然に呼びつけていたからです。1829年にロンドンに初めて警察ができますが、実はその主な仕事は、病院の患者同士の殺し合いを止めること。そんな社会の中で、看護婦とは、売春婦が兼業でするような卑《いや》しい職業と認識されていたのです。

しかし、フローレンスは両親の反対を押し切って看護婦となり、**「クリミアの天使」**との美名で呼ばれ、全世界的尊敬を得るようになるのですが……。

病院の患者たちの〝異常な死亡率〟

彼女が一躍有名となったクリミア戦争――それは、オスマントルコとロシアによる広大な土地の利権争いであり、1853年3月28日から1856年3月30日までの約3年をかけた恐るべき戦いでした。

そしてフローレンス・ナイチンゲールは、戦場の病院で誰よりも活躍していました。24時間、ぶっ通しで働き続けることもまれではなく、すべての手術に立ち会うとも主張。その姿は**「フローレンス・ナイチンゲールは（女のくせに）外科手術を見るのが楽しみのようだ。それも腕組みをしたままで見ている」**と、陸軍のお偉いさんをビックリさせたほどです。

しかもフローレンスは、少なくとも外見だけは華奢《きやしゃ》で、若く見える女性だったため、兵士のアイドルというかマドンナ的存在になったのですね。生き残った兵士たちからの支持は絶大でした。戦後、フローレンスの姿は新聞、歌、絵、回想録、詩、小説な

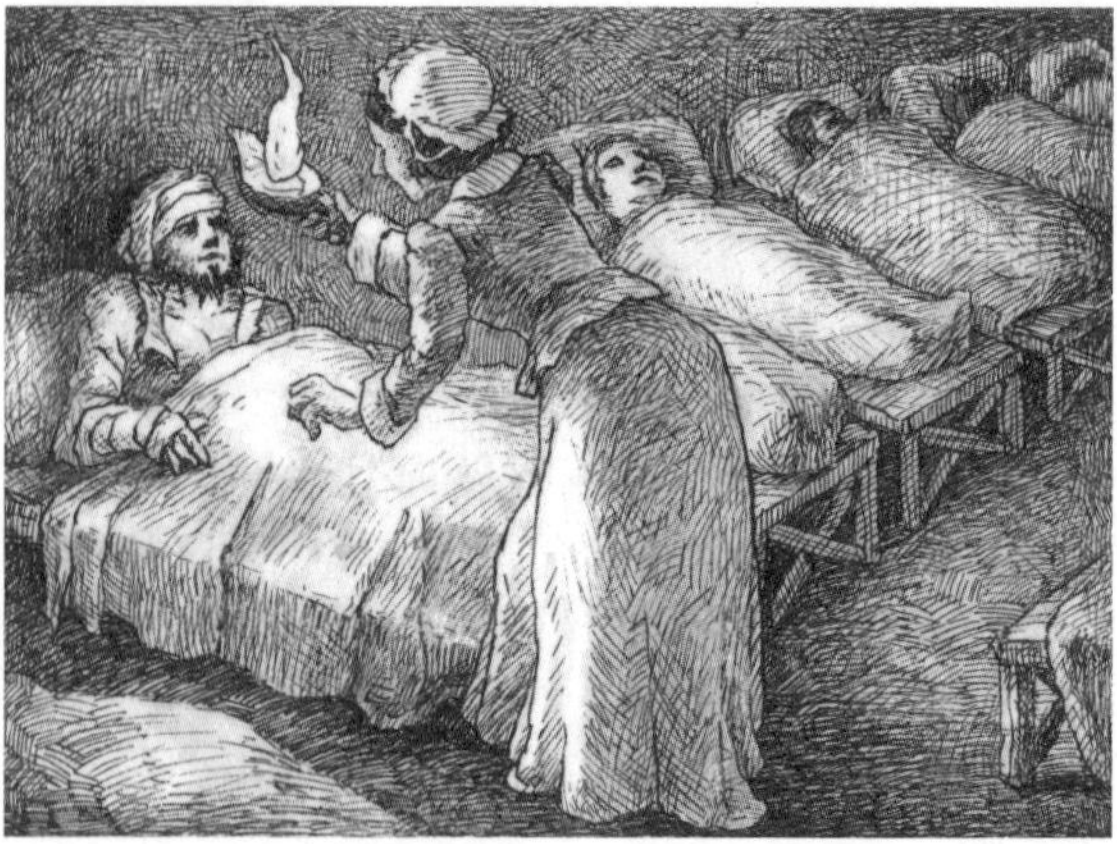

どに登場し、マスコミはこぞって、彼女をたたえはじめたのです。

しかし実際のところ彼女は、このクリミア戦争においては「天使」どころかむしろ**「死の天使」**でした。

患者の命を救うどころか、殺した数のほうがよほど多いのです。

実は……クリミアにおける看護婦としてのフローレンスの業績は、最悪なものでした。

トルコのイスタンブールに近い、スクタリ（現在名・ユスキュダル）という都市にあった**彼女の病院では、2万5千人の患者のうち、なんと1万8千人を死なせている**のです。つまり、5人のうち3人以上の患者が亡くなってしまったということです。

1日最高70名が亡くなる現場でした。

もっというと、**クリミア戦争中、もっとも死者を多く出してしまったのが、フローレンス・ナイチンゲールの病院**だったのです。

当初、これについて彼女は怒りに燃えながら、「軍の上層部が悪い。兵士たちはウチの病院に送られてきたとき、すでに手遅れだったのだから」と、主張していました。

それは〝手遅れ〟ではなく、初歩的な看護ミスのせいだった……

ところが戦後、驚くべき真実が明らかになります。フローレンスは自分の正当性を証明するために、統計学者のウィリアム・ファーにデータを洗い出させたのですが……それによると、**フローレンス・ナイチンゲールが「初歩的な衛生事項の注意を怠っていた」がために、凍傷や栄養失調といった軽度の状態で入院してきた兵士、つまり死ななくてもすんだ兵士たちの命までみすみす奪っていた**という、想定外の結論が出てしまったのです！

彼女の病院は、収容可能な人数をはるかに越える患者を収容していました。気合でなんとかしたかったのでしょうが、数少ない医者・看護婦しかいない状態が生み出す不衛生な状況は、かえって病んだ兵士たちの命取りとなっていたのです。

こうした悲惨な状況は、国が派遣した「衛生委員会」の査察によって、衛生状態が改善され、死亡率が下がるまで続いていました。

これらの残酷な真実は、完璧主義者で「すべて思い通りに成し遂げるのでなければ、何もなさなかったことと同じである」と豪語したフローレンスのプライドを打ち砕きました。

しかし……彼女は自分が犯した致命的なミスを記したデータを、周囲の反対を押し切って世間に公開させているのです。

「たとえどんなに小規模な病院であろうと、このように恐ろしい生命無視の事態をもたらす（病院の建物の）構造上の欠陥《けっかん》や管理の誤りを繰り返さないようにしたい」

これは彼女自身の言葉です。

その後、フローレンスは90歳まで生き、ロンドンに看護婦養成所を創設し、看護の改善に努め、陸軍の衛生改革や、インドでの公衆衛生普及にも尽力したそうです。

「フローレンス・ナイチンゲールは、歴史上、もっとも有名な病人の1人である」研究者ヒュー・スモールは彼女について、そう定義しています。

虚飾をはぎとられた〝生身の女〟マリー・アントワネット

マリー・アントワネットは、自分の肖像画のできばえに不満を漏らすことが多々ありました。「**自分があまりに理想的な美女に描かれすぎている**」と言ったのです。

このアントワネットの不満には、美人特有の余裕ではなく、「本当の私自身を見てほしいのに」という内なる叫びが感じられてなりません。

実際、後にアントワネットが「私の肖像画は彼女だけに描かせたい」と言ったほど、信頼し重用した女性画家ヴィジェ＝ルブランの描いた彼女の顔には、ハプスブルク家の人々が持つ諸特徴がはっきりと刻まれていました。

彼女の実家にあたるハプスブルクの一族には、男女ともに顔が細長く、長めの顎《あご》とぼってりした唇をもつといった遺伝的特徴がありました。それが美貌の中のスパイスとして出るか、醜い要素として出るかはその人次第ではありましたが……前者の代表格だったアントワネットは、自分の個性として受け入れ、認めていましたので、それをあたかも最初からなかったかのように矯正《きょうせい》されて描かれることに、強い不快を感じたのでしょうか……。

「嫁の胸は、どうだ？」――ルイ15世からの品定め

アントワネットが後に嫁ぐ、フランス王太子ルイ・オーギュスト（後のルイ16世）の嫁選びに熱心に取り組んでいたルイ15世は、オーストリアの宮廷でアントワネット本人と面会してフランスに帰国した大使を呼び出し、アントワネットについて次々と尋ねていきました。

「彼女は美人か？」「肌は白いか？」「彼女の眼はどうだ？」

これらの問いに、大使はそれぞれ肯定的なことを言いましたが、「それでは胸は？」と聞かれた際には、面食らってしまいました。**「バカ者、それが一番重要なのだ」**とルイ15世は口走ったといいます。

実際のところ、18世紀の王侯貴族の女性が、幸せな結婚ができるかどうかを左右したのは、家柄や財力のほかには、バストといった外見的な要素だったのですね。つま

り彼女たちは多くの場合、夫となる男性のステイタス欲を満足させうるに足ればそれで十分という、実に記号的な存在にすぎなかったのです。豊かなバストが重要視されたという点については、ルイ15世自身の趣味というより、それが当時、多産のシンボルだったこともあるかもしれませんが。

そもそも、当時の上流の女性たちは公式の場でも胸の盛り上がりを強調したドレスを好んで着用していました。フランスに嫁いだ**アントワネット本人も、自分の豊かなバストを誇りに思い、型どりした陶器を作らせた**くらいです。ですが……真実のアントワネットは、いわば自らの「女」に翻弄《ほんろう》され続けた人生を送ったのです。

アントワネットはセンスは良くても知的とはいえず、何度教えてもフランス語は文法すらメチャクチャ、本の1冊とて最後まで読めたことがなかったとか。

それ以上に王侯貴族の女性として致命的だったのは、記号的に「女」を演じる能力のなさだったと思います。彼女は1人の人間として生きようとしましたが、フランスの宮廷は女に個性など認めようとはしない、牢獄のような世界でした。王妃とフランス王家の宮廷の間には、恐ろしい不協和音が奏でられていきます。

血筋の正しさや美しさだけを褒められ、宮廷でなんの疑問も感じずに過ごすということがアントワネットにはできなかったのです。

衆人環視の中での、悪夢のような「初夜」

1770年、ついに結婚の儀を終え、フランス王太子妃となったマリー・アントワネットを迎えたのは「王族とは見せ物である」というフランス王家の慣習でした。夫との初夜ですら、**アントワネットが処女であるかどうかチェックするためにベッドの周りに集まった貴族たち、金を払った庶民たちの目にさらされた**のです。

しかも、その結果は**「セックス自体が成立しなかった」**という衝撃的なものでした。原因は、夫の王太子ルイ・オーギュスト（後のルイ16世）が「性的不能」だったことです。

より具体的にいうと、過度の包茎という彼の肉体的特徴と、性教育の不徹底、さらには「自分は祖父ルイ15世のような色魔的人生を歩みたくない」という10代の少年特有な潔癖感などが最悪にからみあった結果ですね。

結婚してから約7年もの間、アントワネットはベッドで夫に放置され続けました。そして1774年にはついに処女のまま、王妃となったのです。

その間、生母マリア・テレジアからは「孫を産んでくれ」という矢のような催促が届きます。アントワネットは言うに言えない悩みやプレッシャーに苦しめられます。

アントワネットが派手に遊び回っていたのは事実です。しかし、その裏にあるのは夫とベッドをともにできない不安と寂しさゆえに、夜遊びに行かずにはいられないというシビアな現実でした。賭け事や浪費に狂った理由も、それを正当化はできないにせよ、なんとなくわかりますよね。

結局、マリア・テレジアは長男のヨーゼフ（神聖ローマ皇帝・ヨーゼフ2世）をフランスに送り込んできます。

このヨーゼフのアドバイスを聞いて、**結婚から7年後の1777年、ようやく包茎手術に踏み切った夫とついにアントワネットは肉体的に結ばれました。**

その翌年には長女を妊娠、初めての出産を経験しています。

「美貌」と「老い」の境目で

ところが母となれた喜びもつかの間、今度は自らのアイデンティティの根幹であった美貌が失われはじめました。もっともダメージをこうむったのは、**ホルモン変化の影響で抜け続ける髪の毛**でした。

当時のヨーロッパの上流階級の女性は巨大なカツラを被っていましたが、基本的にあれは「部分カツラ」です。地毛がなければ固定できないのですね。

苦しむ王妃を救ったのが、後に王妃専属の調香師となったジャン・ルイ・ファージョンによる美髪剤でした。調香師は王妃に香水を献上するだけでなく、オーダーメイドの化粧品まで提供しました。

ほかにも野心的なデザイナーやアーティストの類《たぐい》、さらに成り上がりたい貴族たちがアントワネットに群がり、たかるという現象が起きました。

まるで童話『幸福の王子』のようにアントワネットはむしりとられ続けたのです。

それに内心辟易《へきえき》しつつ、心優しいアントワネットは「友人たち」を振り払うことができなくなり、またそれゆえに「えこひいきしている」との嫉妬の声が宮廷にこだまするようになり……その後のアントワネットの転落は、読者もご存じの通りだと思います。

囚われ人となって、悩まされはじめた〝病〟

1789年10月、食糧難に苦しむ女性を中心とするパリの市民たちが、ヴェルサイユに向かってデモ行進をはじめました。

当時はフランスだけでなく世界中で気候が乱れ、夏でも気温が上がらず、農作物のできは最悪のレベルにまで落ちていました。しかし彼らの目のカタキは（なぜか）王妃マリー・アントワネット1人でした。

このときの対応をはじめ、革命初期のルイ16世の見通しの甘さが災《わざわ》いし、アントワネットと子どもたち、そしてルイ16世の身柄は革命政府に拘束されるにいたります。王家の面々は囚人とほぼ変わらぬ扱いでタンプル牢に暮らすことになりました。

こうした劣悪な環境で（出産後のホルモン変化などが原因で大量の脱毛を経験したことからも想像できるように）いわゆる婦人病にも悩まされがちだったアントワネットは不正出血が激しくなり、それはギロチンによる処刑の日まで続きました。

ルイ16世が先に処刑され、1793年10月15日に、アントワネットにも処刑判決が下されます。しかしなおも、彼女は気丈さを失いませんでした。

皮肉なことですが、転落して初めて、彼女は記号的な存在ではなくなり、自分自身の人生を歩めるようになった観があります。

死の処刑台へ向かう「37歳の1人の女性」

その翌朝、3万人もの警備兵の監視を受けつつ、逃亡を危惧《きぐ》され後ろ手に縛られて馬車に乗せられたアントワネットの姿を、画家のダヴィッドがスケッチしています。**なんら美化されていないその線画には、顎のラインはゆるみ、かつて豊かだったバストは垂れ……加齢と重力に抗しきれなくなった37歳の1人の女性のリアル**が、残酷なまでに描かれています。

アントワネットの豊かなブロンドの髪が処刑判決を聞いた後、ひと晩で真っ白となったという逸話には、同時代の史料による裏付けはないようです。ですが、処刑までの数カ月を過ごした、昼でも薄暗い牢獄から出てきた王妃の容貌の衰えに、皆が驚かされたのは事実でしょう。

小雨交じりの悪天の下、刑場に向かう際もアントワネットは帽子を被っていました

ダヴィッドが克明に描き出した処刑前のアントワネット

が、刑の執行が近づくと、自ら頭を振って帽子をハラリと落としました。

ギロチンによる処刑の妨げとならないよう、彼女の髪は無惨に切りそろえられていました。

ついで、処刑人サンソンの指示でギロチンの刃が落とされ、彼女はあっけないほど簡単に絶命してしまいました。

しかし……「フランスの敵」アントワネットには埋葬命令がなかなか出ず、彼女の遺体は約半月もの間、マドレーヌ墓地の草むらの中に、腐るがまま放置されていたそうです。

死してなお、容赦のない衆人の目にさらされた人生でした。

大英帝国を築いたエリザベス1世の夢は、夜遅くひらく

「北の島国」にすぎなかったイングランドが、ヨーロッパで一目置かれる存在にのし上がったのは、女王エリザベス1世の時代です。

　エリザベス1世の女王としての功績はすばらしいものでした。たんに才能が優れているだけでなく、目的のためには手段を選ばない豪腕な女性だったのです。

　そもそもエリザベスが当時のヨーロッパで、いや世界中でも最強国だったスペインの、主戦部隊である海軍を打ち破ることができたのは、それまでの君主たちが犯罪者として取り締まっていた海賊たちを味方につけるという、なりふり構わない英断の結果でした。

　君主とは当時の思想では、神の意思で〝選ばれた存在〟です。それなのに……という手合いの問題を、エリザベスは無視できるだけの強さがありました。

いわば男性君主がフツーの当時、女性君主として異端視される自分だからこそ何ができるかを考え、それを実現していく胆力が凄かったのでしょう。

「国家と結婚した」と、たたえられたが、実際は……

エリザベスは1558年、25歳のときに即位したのですが、彼女は終生「処女王」と呼ばれ続けました。実際に処女であり続けたかは不明ですが、生涯を独身で過ごしたからです。

晴れてイングランド女王となったエリザベスには、国内外の王侯貴族から数多くの縁談が寄せられました。

身長が高く、肌は少し浅黒いにせよ（当時の高貴な女性は白肌が基本）、魅力的な瞳の持ち主だったエリザベスは、結構な美人として知られていました。

しかしいうまでもなく、彼女との縁談を進めたがる男性のすべてがエリザベスの財産、そして女王の夫としての地位を利用して、イングランドという国家を意のままに操りたいという野心あってのことでした。

縁談を断り続けたのは、**エリザベス自身がどうやら、この手の野心的な男に惹かれ**

やすい、本当はかなりの恋愛体質な女である自分を制御するためだったようです。

エリザベスには後年、数多くの恋人ができます。

しかし、それも厳選を重ねた上でのこと。慎重になりすぎて欲求不満となり、溜め込んだエネルギーを、変態的な趣味で発散することも多々ありました。

あるときは、**上半身を覆っている部分がパックリと左右に割れて、胸や腹があらわに見えてしまう服を着て公式の場に現われ、驚きを隠しているフランス大使に対し数時間にわたって謁見**を続けました。

視線をそらそうとする大使の姿を眺めるのに、悦びを感じていたのでしょうか。これでは女性というより、変質者の男性のようですね。

変態的デザインのドレスといえば……エリザベスはコルセットのヒモを侍女たちにギリギリと締め上げさせることから1日をはじめ、数時間以上をかけて豪華きわまりないドレスを着ていきました。

ドレスは何回か着ると、侍女たちに下げ渡すのが当時の高貴な女性の習慣でしたが、エリザベスはドケチで1着も譲ることはなかったとか。こうしてエリザベスのドレスコレクションは総数6000着以上になりました。

愛人といざ〝ベッドイン〟しようとすると――

一方、マッチョでハンサムな若い男性は大好きで、彼らには気前の良いところも見せましたが、その見返りとして熱烈な愛を求めました。

エリザベスが愛した男性たちの傾向をひと言でいえば、「強気なダメンズ」。

エリザベスはいわゆるツンデレで、**2人きりのときは男に甘えたがるのですが、公衆の面前でその男から「恋人の女」的な扱いをされると激怒し、男に平手打ちをすることもしばしば**でした。

とくに、重臣にして恋人であったエセックス伯爵は、何度もエリザベスに殴られているところが目撃されています。

戦争での無謀な指揮の責任を問われ、政敵によって反逆罪に問われたエセックス伯爵をエリザベスは救うことができませんでした。

こうしてエセックス伯爵が処刑されていなくなると、エリザベスに寵愛されたのがウォルター・ローリーです。彼はアメリカ大陸に入植した探検家でしたが……読者もおわかりのように、この手の男は我《が》が強い傾向があります。

エリザベスという女王から寵愛「されている」ことが性に合わず、エリザベスお気に入りの女官に手を出し、彼女を妊娠させて「デキ婚」してしまうという事件を起こします。これにエリザベスは激怒、女官は免職、ローリーは投獄されるにいたったのでした（しかし、その後、エリザベスの未練で復縁）。

このように、とことん恋愛体質だった「処女王」エリザベスですが、**さていざ殿方とベッドイン……という流れの中で突然、ヒステリーや痙攣《けいれん》の症状を起こす**ことでも知られました。

エリザベスに縁談を断られた男性は、ある意味、幸福だったかもしれません。彼女は妻はおろか、恋人にするには怖すぎる女だったからです。それこそ彼女自身の言葉通り「国家と結婚する」のが、理想的だったのかもしれません。

フランスの救世主、ジャンヌ・ダルクの「処女」は奪われたか？

今も昔も変わることのない、人間の本質的な残酷さを思い知ることができるのが、百年戦争（1337－1453）時代のフランスで「聖処女」として活躍したジャンヌ・ダルクの死をめぐる一幕です。

民衆から「乙女」と呼ばれていた彼女は、自分でも乙女＝処女、つまり純潔であり続けることに強いこだわりを持っていました。ジャンヌは13歳頃から「神の声」を聞く神秘体験を繰り返しました。それには大天使ミカエルや、キリスト教の聖女たちと直接的に触れ合うという特別な経験までも含まれたのです。

彼女は**自分が心身の純潔を保てなくなれば、「声」は聞こえなくなると信じていた**ため、同年代の子どもたちと遊びにいくことはおろか、両親の勧める結婚も断り続けていたそうです。その後、「声」はジャンヌに、イギリスに呑《の》み込まれようとしているフランスの独立を保つために働くことを命令します。

男装した理由は定かではないようですが、とつぜんジャンヌは髪を切り落とし、男物の衣服をまとい……当時のキリスト教の掟《おきて》では、女性が正式に参加できる戦争は十字軍だけと決まっていたのに、軍法はおろかほとんど何も知らない身で、彼女を止めようとする家族をふりきって村を出て行きました。

「フランスは1人の処女によって甦《よみがえ》る」という伝説

その後、1429年2月はじめ、王太子シャルル（後のシャルル7世）の前にジャンヌが面会を求めて姿を現わすまでの記録は、さまざまな理由で抹消されています。彼女を「異端」として処罰したカトリック教会としては、ジャンヌの起こした「奇跡」などは記録に残しておきたくないからでしょう。また、彼女はつつしみ深かったので、自分の行ないは奇跡ではないと話していました。

しかし疑り深いシャルルは、噂に聞くジャンヌの超能力がホンモノかを試そうとしています。ジャンヌと初めて謁見《えっけん》する際、シャルルは臣下に自分の服を着せ、自分はわざと粗末な服装をして一般人の中にまぎれ込んで臨んだのですね。それでもジャンヌは、初対面にもかかわらず変装を見抜き、シャルルに向かってひざまずきました。

当時、15世紀初頭のフランスはイギリスとの「百年戦争」の真っ最中です。長期間におよぶ覇権争いにフランス全体が疲れ切っていました。

かつて**「フランスは1人の女によって滅ぼされるが、1人の処女によって甦る」**という言い伝えがあったといいます。

「1人の女」呼ばわりされたのは、王太子シャルルの母で、「淫乱王妃《いんらんおうひ》」と民衆から陰口を叩かれたイザボー・ド・バヴィエールです。彼女は狂死した夫（フランス国王シャルル6世）と、彼との間に生まれた実の息子であるシャルルを憎み、愛人男性と結託。自分の娘とイギリス国王の間に生まれた孫をフランス国王にしようとしていました。

シャルルは母イザボーから「お前は私の不倫の子。夫の子ではない。つまりお前に王位継承権はない」と公言され、即位を妨害されている状態だったのです。

そこに、フランスに甦《よみがえ》りをもたらすという伝説の「1人の処女」ことジャンヌ・ダルクが現われたのですね。

史実のジャンヌは、伝説が語るほど貧しくも無学でもない農業経営者の娘でしたが、軍人としては完全に素人でした。創作の類では、ジャンヌは素朴《そぼく》な農民娘のキャラをあてがわれています。

しかし実際には、多少奇妙な口調だったにせよ、いったんジャンヌがしゃべりはじめると、誰も目を離せなくなってしまい、気分が高揚《こうよう》し、自分たちはなんでもできる！　という気分になってしまったそうです。

また、ジャンヌは部下の男性たちと同じ場所で着替えや寝起きも行なっていましたが、**誰ひとり（ジャンヌの乳房を見た者も頻繁にいたのに）、性的なことは思いもよらなかった**そうです。……ジャンヌからは、それだけ人間離れしたオーラが出ていたということでしょうね。

「神の声」に従ったジャンヌの軍隊は、わずか8日ほどで、軍事的に重要なオルレアン地方をイギリスの手から取り戻すのに成功してしまいます。

勢いを得たシャルルは、1429年7月、ランス大聖堂で正式な戴冠《たいかん》式を行ない、シャルル7世として即位します。ジャンヌの後押しあってのことでした。

獄中のジャンヌを待ち受けていた〝屈辱〟

しかし、ジャンヌの凋落《ちょうらく》はそれからあっという間に訪れます。翌年5月下旬、彼女はコンピエーニュという街の郊外で親イギリス派のフランス貴族によって捕らえられ、その身はイギリスに引き渡されます。

シャルル7世はすでにイギリスの罠《わな》にはまり、重要な戦いで大敗を喫《きっ》していたので、ジャンヌのことは見捨てざるをえなかったということになっていますが……酷《ひど》いものです。

こうしてジャンヌは、ルーアンという街で、親イギリス派の宗教学者たちから、6カ月にもわたって執拗《しつよう》な異端審問裁判を受け、異端者として処刑を宣告されます。

彼女の異端としての罪状は、宗教的にタブーとされていた〝異性の服〟を着ていたことでした。それも異端審問中に一度は「男物の服を着るのはやめる」と宣誓したにもかかわらず、ふたたび着るようになったことが問題視されました。

しかしそれは獄中で、男たちからジャンヌが暴行されそうになったためだったのです。**スカートではなくズボンを穿《は》いているほうが脱がされにくく、まだ安全だとジャンヌは判断した**のでしょう。

記録で見る限りでは、暴行未遂で済んだようですね。ジャンヌは屈辱と恐怖のあまり、泣いて抗議したという記録も残されていますが……。

古代ローマ時代には、「処女は神聖なので、処女のままでは処刑できない」という慣習法がありましたが、中世ヨーロッパではすでに過去のものでした。ですから単に、**処女性と結びついたジャンヌの神秘の力を奪ってやろうという目的で、男たちが送り込まれた**のでしょう。

しかしそれは誰によって、でしょうか。イギリス側の政治家でしょうか。それともまさか教会側が……？　考えるだけでも恐ろしいですね。

炎の中、聖女の肌がさらされる……

こうして1431年5月30日、ついにジャンヌの火刑は執行されました。

ジャンヌは自分を取り囲む薪《まき》に火が付けられると、キリストの名を叫び続けましたが、やがてその声はとだえました。火刑の受刑者の大半は、薪の発する大量の煙で窒息してしまうからです。

服が燃え落ち、**ジャンヌの遺体の肌が露出した状態になると、わざわざ火の勢いが弱められ、裸身が群衆の眼にさらされました。**

ジャンヌを異端者として処刑する教会は、彼女はただの「異端の女」にすぎなかったのだと民衆に思わせたかったのです。

しかし……ジャンヌを焼く煙の中に「キリスト」という文字を見た者、同じく煙の中からジャンヌの魂と思われる白いハトが天高く飛び出したのを見た者、焼け跡に血で濡れた彼女の心臓だけが残っていたのを見た者……これら奇跡としか呼びようのない不可思議な現象が、それも複数の聖職者たちによって、次々と目撃されてしまいました。

死刑執行人までもが、「聖女様を殺してしまった」と嘆き悲しむ、異例の事態となってしまったのです。

それでもジャンヌの遺骸は合計3度も火にかけられ、灰になるまで燃やし尽くされました。**燃え残った遺体の一部が、民衆によって拾い集められ、信仰の対象になることを教会としては絶対に避けたかった**のです。

結局、ジャンヌを殺した教会関係者は、自分たちの権威と既得権益を守りたかっただけだったのでしょう。

彼女の死から約25年が経過した頃、ようやくイギリスとの正式講和を終えたシャルル7世は、ジャンヌの名誉復権裁判を行ないます。こうしてジャンヌの無罪は確定しました。また1920年には、ジャンヌは聖女としてローマ教皇庁の認定を受けました。

しかし……ローマ教皇庁は、ルーアンでジャンヌに異端判決を下した事実を、いまだ撤回していません。聖女でありながら、異端であり続けるジャンヌは、もはや教会のルールを超越した、空前絶後の存在だといえるでしょう。

愛した男よりも、金を信じ続けたクレオパトラ

賛美されるか貶《けな》されるか、評価が極端に分かれるのがクレオパトラです。

エジプト女王としての正式名はクレオパトラ7世。父王を亡くした18歳のときから約20年間、プトレマイオス朝エジプト王国の女王として君臨し続けました。

世界三大美人の筆頭格のようにいわれていますが、死後100年以上経った後の歴史家プルタルコスの批評によると、

「(クレオパトラの美貌は) **それ自体はそれほどすばらしいものではないが、彼女と比べられる者はおらず、彼女を見た者はみな必ず魅了された**」

と書かれています。

クレオパトラを写実的に描いた美術作品や記録は発見されていません。しかし彼女は系図上はエジプト人というより、アレクサンドロス大王の部下の子孫でギリシャ系

です。ペルシャ系などの血筋も引いており、エキゾチックな美貌の持ち主でした。

美しい声と洗練された所作や語学を身につけていて、さらに巨額資産の持ち主でしたから、贅沢《ぜいたく》が身に染み付いたゴージャスな女という要素も加わり、魅力的ではあったのでしょうね。

一方で、彼女は恐ろしいまでに計算高く、欲深い女でした。逸話に残るクレオパトラは、愛想がよくセクシーで情熱的な女性ですが、それは自ら選んだ男にしか見せない一面であり、見返りを期待しての演技にすぎません。彼女が一番愛していたのは金と権力、そしてエジプト女王である自分自身でした。

クレオパトラが産んだのは、カエサルの実子ではなかった？

クレオパトラは実の弟（プトレマイオス13世）と結婚しています。現代の我々には奇妙に思えますが、当時のエジプトの王家では形式上にせよ、**兄弟姉妹のうち異性の誰かを配偶者にしていない場合、王や女王になることはできないというルール**がありました。

クレオパトラが弟を配偶者に選んだのは、共同統治の名目で自身が権力を握るための筋書きでした。しかしわずか数年で弟は姉に反感を抱き、クレオパトラを幽閉《ゆうへい》してしまいます。

こうしてクレオパトラは一時、権力を失ってしまうのですが……紀元前48年10月、エジプト王国を攻略しにきたローマ帝国の実力者・カエサルに身も心も寝返りました。自分は献上品の絨毯《じゅうたん》に隠れておいて、突然登場するという演出で、色好みの中年男であるカエサルの興味を引いたのです。

さらにここ何十年間、正妻が娘を1人産んだ後には、大勢の愛人がいるのに誰ひとりカエサルの子どもを産むことがなかった中、**クレオパトラだけは関係がはじまってすぐ、53歳のカエサルの子どもを妊娠するという離れ業**を見せています。

歴史家も、クレオパトラが妊娠したのがカエサルの実子かどうかについては懐疑的なのですが、カエサル本人はそうだと信じ込まされていました。これが後にカエサリオンと名づけられる男の子でした。

カエサルはクレオパトラのために、彼女に反抗的な弟や妹を討伐《とうばつ》してくれました。女王でありたいという欲望の前には、血を分けた弟妹さえ軽視するのがクレオパトラです。

クレオパトラにとってはある意味幸運だったことに、カエサルが暗殺されてしまったので、カエサリオンはエジプトに残しておくことができました。**クレオパトラは息子のカエサリオンを共同統治者とし、**女王としての地位を揺るぎないものとします。

ローマの軍人・アントニウスを〝ふぬけ男〟化させて支配

クレオパトラが次に色目を使ったのが、ローマの軍人・アントニウスでした。

カエサルが暗殺された後、ローマの実権は3人の実力者が握ることになりました。そのうちの1人が、将軍だったアントニウスという男です。ローマでいうところの（エジプトを含む）アジア支配を任せられていたアントニウスですが、当時28歳のクレオパトラの魅力に、逆に支配されてしまいます。

2人の間には子どもが3人も生まれました。アントニウスはローマの実力者・オクタヴィアヌスの姉にあたるオクタヴィアを妻にしていましたが、子どもが好きで、妻以外との間にでも何人子がいてもかまわないという困った価値観の持ち主でした。

そして彼は、**クレオパトラの言うことなら、なんでも聞く男**でした。アントニウスはローマの軍人というより、「クレオパトラの男」として動くようになってしまいます。後には妻と正式に離縁、記録には残されていませんが、おそらくクレオパトラと結婚したのでしょうね。

いつまでもエジプトに入り浸り、ローマに帰らないアントニウスに、オクタヴィアヌスは「叛意《はんい》あり」と宣戦布告、軍隊を派遣してきます。しかし宣戦布告によるとローマの敵はアントニウスではなく、クレオパトラになっていました。

クレオパトラとアントニウスは、エジプト王国の周辺との戦を繰り広げ、各地を転々としていました。その戦場でも、またローマとの軍事衝突を目前としても、アントニウスは「王族のような贅沢な暮らしを送り、女のように自分を甘やかす者」に成り下がっており、覇気はありませんでした。

男も部下も見捨てて、驚くほどの速さで逃走

紀元前31年9月、両者の運命を決した「アクティウムの海戦」がはじまります。

アントニウスとクレオパトラの連合軍の船230隻に対し、オクタヴィアヌス軍の船は400隻と状況はエジプト側に不利でしたが、アントニウス軍の船が巧みに立ち回ったことで、朝にはじまった戦いも結果が出ぬまま午後3時を迎えました。

ところがそのとき、**クレオパトラとその巨額の財宝を乗せた船が、南方目指して猛**

スピードで逃走しはじめたのです。彼女がエジプトに逃げ帰ったのは明らかでした。

その逃走理由には諸説ありますが、男に媚びて見せていてもクレオパトラは自分の財力が最大の頼みでしたし、なかなか結果を出せないアントニウスを見捨てたくなったのでしょう。

アントニウスを裏切ることを明確に見せつけ、今度はオクタヴィアヌスに取り入ろうとしていたのだともされますが……こんなクレオパトラが本当に「賢い」のでしょうか？　彼女は自分に忠誠を誓った部下たちの生命や愛する男より、財宝と自分の地位を優先するそれは傲慢《ごうまん》な女でした。

その後、**アントニウスもクレオパトラの後を追いかけ、総大将が2人とも部下を残して消えるという惨憺《さんたん》たる事態**となり果てました。

一部の船が2人を追いかけましたが、見捨てられた大半の兵士たちはその後、数時間にわたる激戦の末に戦死。クレオパトラとアントニウスの連合軍の戦死者数は5000名にものぼりました。

クレオパトラが唯一「たらしこめなかった」男

アントニウスは自分の命にかえても、クレオパトラを助けてほしいとオクタヴィアヌスに嘆願《たんがん》していましたが、クレオパトラはオクタヴィアヌスが女嫌いなのを知っていました。彼をたらしこむのはムリだったので、かわりに彼の側近男性を籠絡《ろうらく》。オクタヴィアヌスの出方を探っていました。

さらに、重臣たちに難癖をつけて処刑しては財産を没収するという暴挙にも出ます。来るべきローマのエジプト攻撃に備えるためとはいえ……凄《すさ》まじい女です。

オクタヴィアヌス軍がエジプトに現われると、アントニウス軍は善戦しますが、クレオパトラは自分のための壮麗な霊廟《れいびょう》の中にこもります。

するとアントニウスは……**彼女が霊廟に入ったという知らせを聞いたとたん、また先に逃げられた（死なれた）と勘違いをしてしまい、心臓を刀でひと突きして果てる予定が、腹を刺してしまった瀕死《ひんし》の状態でクレオパトラに発見される**という、それは情けないことになりました。アントニウスはそのままクレオパトラの胸に抱かれて亡くなりました。

伝説では、アントニウスの死後すぐにクレオパトラはコブラに胸を咬《か》ませて亡くなった……とされますが、史実では丁寧にアントニウスを葬った後（胸を掻《か》きむしって悲しんだりはしたものの）、しばらく時間をかけて自分がエジプトの女王でい続けられる可能性をすべて探りきった後、やはりそれはムリだと悟り、服毒自殺を遂げたといわれます。

目撃した侍女の発言では、彼女の死にざまは穏やかだったらしいので、痙攣《けいれん》性ではなく催眠性の毒を用いたといわれます。

クレオパトラがカエサルとの間に産んだカエサリオンですが……誰の助けを得ることもできず、オクタヴィアヌスの命令で処刑されています。

本当に愛していたのは、女王である自分「だけ」というのが39年の彼女の人生でした。

これは憶測ですが……ある時期から彼女は、男たちを利用し、巧みに乗り換えながら、ローマを征服しようと本気で企みはじめたのではないでしょうか。その計画はあと一歩のところで、オクタヴィアヌスが本質的に女嫌いだったために失敗してしまった……そんな気がするのです。

2章

いつの時代も、「愛憎」が世を動かす

――〝男と女〟がいる限り、生まれ続けるドラマ

「冴えない小男」と「年増女」――ナポレオンとジョゼフィーヌ

天下の英雄として知られる19世紀の偉人ナポレオン・ボナパルトには、妙な好みがありました。どうやら「怖い女」が好きだったようです。

悪い女と怖い女はやることは似ているのでしょうが、本質が違います。怖い女には、悪気がまったくないのです。微笑みながら平気でパートナーを裏切り続ける……そんな女だからこそ男も本気になってしまう。ナポレオンはその手の女を愛してしまったのです。

作家志望だったナポレオン青年は、学生時代の1787年、『愛についての対談』というエッセイを級友とともに書いています。

その中では、**「愛の存在なんか否定しろというだけである。**愛なんて、社会にとっても人間の個人的事情にとっても有害であり、要するに不幸以上のものをもたらすと思う」などという悲観的な恋愛論を述べていました。

ところがジョゼフィーヌという女に出会ってしまって、一気に考えが変わったようです。そしてナポレオンは青春時代の自分の言葉通り、不幸になるのです。

こじらせ男が出逢ってしまった〝運命の女〟

ナポレオンより6歳年上のジョゼフィーヌは、彼との関係がはじまった時点ですでに2人の子持ちの「未亡人」（離婚後に前夫が死亡）でした。しかし恐ろしいことに、彼女はその経験からほとんど何も学んでいませんでした。

30歳を少し超えた当時でも、現役の遊び人。皮膚にはすでにツヤがありません。鼻は小さくわずかに上を向いており、青い眼にはあまり輝きがなく、歯並びが悪く、笑うときに歯が見えないようにしていたとか。

細かい欠点はいくらでも指摘できるのですが、豊満なバストと全体的な雰囲気の色っぽさで、魅力的に見えていたそうです。

当時のジョゼフィーヌは、未亡人としてパトロン男性を物色中で、昔馴染みのバラスという政治家の男に取り入っていました。このバラスのサロンにナポレオンも出入りしていたことから、2人は出逢ったという説もあります。

ジョゼフィーヌという名前を考えたのもナポレオンです。「バラスをはじめ、みんなが彼女をローズと呼ぶ」あたりが気にくわなかったそうで。彼女の本名は、マリ・ジョゼフ・ローズといったので「ジョゼフ」という男名前をもじって女性風に「ジョゼフィーヌ」と呼んでみよう、とナポレオンが提案した……のだそうです。

そんなローズことジョゼフィーヌには借金もあり、確実に「事故物件」な女なのですが、ナポレオンは完全に惚れ込んでしまい、猛アタックを開始したのです。

ナポレオンを完全に「ATM扱い」していたジョゼフィーヌ

一方、ジョゼフィーヌは金と権力以外、夫となる男性へのこだわりがありません。背が低く、風采《ふうさい》の上がらない小男だったナポレオンでも、その将来性に賭けて結婚に踏み切ったとされていますが、単純に打算の結果でしょう。

ジョゼフィーヌは借金返済と子どもの養育のために、良いパトロンを見つけられれば御《おん》の字程度に思っていたので、ナポレオンの求愛を比較的あっさりと受け入れます。

ジョゼフィーヌがナポレオンを軽視していた証拠は、結婚当初から見られます。

1796年3月8日、公証人ラギドーなる人物の手によって作成された結婚契約書には、**「夫は生涯妻に1500リーヴルの年金を与える」**などと極めて夫側に不利な内容が含まれています。無理矢理、要求を呑ませたという感じがします。

さらに、セーヌ県記録保存書には、2人の結婚証明書が残されています。

ナポレオンより6歳年上のジョゼフィーヌが（フランス本国以外の生まれなので戸籍がなかなか手に入りにくいことを良いことに）、**28歳と虚偽の年齢を書き入れているのです。本当は32歳でした。**

さらにナポレオンも、実際より2歳年上

の28歳という年齢を書き入れています。理由は不明ですが、世間から年下の夫と見られることがイヤだったのでしょうか。

恋に恋して目の前が見えなくなっている男を、結婚という契約で縛りつけておくジョゼフィーヌの手腕の良さは感服モノです。

軍人であるナポレオンは、結婚後もすぐイタリア方面に出張しますが、妻となったジョゼフィーヌには、間違いだらけの綴《つづ》りで「こちらに来てくれ」と書いた情熱的な手紙を、返事ももらえないまま送り続けます。

「早く（イタリアに）来てほしい。（略）きみもいないなんてあんまりだ。（略）**きみの胸に一回、それからもっと下に、ずっと下に一回口づけを送る！**」

……と気分が多少良いときはエッチな表現を入れ、気分が落ち込んでいるときは「私の想像力は、きみが何をしているかを考えるうちにもう尽きてしまった。きみが沈んでいるのを見たら、私の心は引き裂かれ苦悩がひどくなる」と本音を吐露しながら、次から次へとイタリアから手紙を送るナポレオンでした。

しかし、ジョゼフィーヌはナポレオンと会いたくなかったようです。

1回の食事も6分間程度と早飯で有名なナポレオンは、性的な方面でもガツガツするばかりで1回あたりの所要時間が「食事時間よりも短かった」とのこと（作家スタンダールの証言）。

ナポレオンと会う＝セックスを求められるのがイヤなあまり、ジョゼフィーヌは「妊娠しました（イタリアには行けません）」などと平然とウソを書いて送り、ナポレオンを大いに落胆させています。

ナポレオンはその後、ジョゼフィーヌの身体に飽きると（というか理性を取り戻すと）跡継ぎの誕生に異様に執着するようになるのですから、皮肉としかいいようがありません。

妻と連れ子の「泣き落とし」に根負けしたナポレオン

ジョゼフィーヌの数々の浮気が、ナポレオンに完全に発覚するのが結婚2年後の1798年夏頃。

さらにジョゼフィーヌは、ナポレオンからの熱烈すぎるラブレターを**「彼、おかしくなったみたい」**と友人に見せつけ、笑わせていたという所業も明らかになったようです。
「ナポレオンがイタリアで戦死した」という誤報を聞いたジョゼフィーヌが「多額の遺族年金の受給者になれる！」と友人たちと大喜びしていたところ、ナポレオンが今、帰国したという本当のニュースが入って「会いに行かなきゃ」と青ざめる、なんて茶番劇もありました。

イタリアから帰国後、ジョゼフィーヌとの離婚を決意し、最初は会おうともしなかったナポレオンですが、（再び借金を自力返済しなくてはいけなくなるのがイヤでたまらない）ジョゼフィーヌの泣き落としと、彼女の連れ子たちの「ママを許してあげて」という懇願に負け、ついに妻を許してしまうのでした。

「離婚式」でのジョゼフィーヌの涙は、何を思ってだったのか――

ナポレオンにとってのジョゼフィーヌは、いわゆる「あげまん」ではあったと思います。１８０４年には議会の承認と国民投票によって、フランス皇帝の地位にのぼりつめました（同時にジョゼフィーヌも皇后となりました）。

しかし結局、ジョゼフィーヌとナポレオンは、離婚することになります。

1810年、ナポレオンはジョゼフィーヌとの間に世継ぎが生まれる見込みがないことを理由に**「離婚式」**を開き、離婚後まで元妻の面倒を手厚く見ることを宣言しました。

離婚を嫌がり、その場でもさめざめと泣いて見せたジョゼフィーヌでしたが、実際のところ、なぜ自分が泣いているかは彼女自身にもよくわかっていなかったのではないでしょうか。離婚後も城館や、莫大な年金、さらには皇后の称号まで保持されたというのに。

「あれだけ」のことをしてきたのに、後年、彼女がナポレオンを心から愛するようになった……というのはやはり俗説だと思います。本当に怖い女とは、彼女のようにわけがわからない女のことではないでしょうか。

楊貴妃と玄宗――「ぽっちゃり美女」と「老いた権力者」

7世紀から10世紀にかけて約300年にもおよんだ中国・唐《とう》王朝。その最後の輝きを作りだした皇帝が玄宗《げんそう》です。

彼と楊貴妃《ようきひ》の有名なラブロマンスを詠《よ》んだ『長恨歌《ちょうごんか》』（白居易《はくきょい》）の一節に「後宮の佳麗（美人）三千人」とありますが、これは誇張表現ではなかったというから驚きです。『新唐書』には、玄宗の治世に彼の後宮に暮らした女性の人数は、「四万に到る」と記されているのです。

皇帝の妻の中でも、正室に相当する「皇后」の位を手に入れられるのは、たった1人だけでした。後宮の女性たちのファーストクラスは、唐の皇室が頼んで迎え入れた上流階級の女性たち……たとえば皇室の親戚筋にあたるとか、先の王朝の子孫とか、そういうお姫様の中のお姫様たちです。

「妃嬪《ひひん》」といわれるセカンドランクの妻となるのが、高級官僚・高級軍人の娘たち。その中から、とくに学識・才能で抜きんでた女性がスカウトされました。

そしてサードクラスか、それ以下の存在として、選抜試験にみずから志願、合格してその地位を勝ち得た女性たちがいました。

しかし後宮で勝ち組になったところで、それが生涯続くとはまったく限りません。女としての成功は砂の城のように脆《もろ》いものでした。『旧唐書《くとうじょ》』の「后妃伝」の項目に記載されている36人の女性たちは、後宮での成功者たちです。楊貴妃の名もそこにあります。

ところがそのうち、楊貴妃を含む実に15人もの女性が非業の死を遂げているのです。寵愛を争って命を落とした女性。皇帝に殉死《じゅんし》させられた女性。また家族が失脚すると、その責任をとらされ皇帝から死を賜《たまわ》った女性も多々見られます。

楊貴妃の死も、皇帝に愛されたという運命の代償でした。

キラキラした瞳、グラマラスな体形……

楊貴妃は幼名を玉環《ぎょつかん》といい、蜀《しょく》州の下級役人・楊玄淡《ようげんたん》の娘にすぎませんでしたが、その美しさで噂が立つほどだったそうです。

創作物では、魔性の女のように描かれがちな楊貴妃ですが、歴史書から見た楊貴妃は野心のない平凡な女性ですから、皇室からスカウトを受けて後宮に入ったのだと思います。しかし、楊一族の出世栄達が美しい彼女に託されたのは明らかだったでしょうね。本人は一家の期待を後目《しりめ》に、のほほんとしていたような気もしますが。


彼女がどのような顔立ちだったかは、残念ながら中国では女性の容姿をこと細かく描写する風習がないため、よくわかりません。しかし詩人・杜甫《とほ》が作った詩の中で、彼女は**「明眸皓歯《めいぼうこうし》」**と形容されています。「明眸」とはキラキラした瞳のこと。眼が切れ長で、パッチリとして大きいこと。「皓歯」とは白く輝く歯の持ち主ということ。**瞳がキラキラと輝き、さらに微笑めば唇の端に白い歯が覗く**……そんな澄んだ美貌の持ち主だったのですね。

また、信頼できる史料にも**「姿質豊艶《ししつほうえん》」**という表現が見られるため、彼女の体形がグラマラスだったことは確実だと思われます。

「息子の嫁」を横取りして、温泉でのアヴァンチュール

玉環は、後に皇太子候補になる李瑁《りぼう》という男性皇族の、妃の1人となります。恵まれたポジションでしたが、子どもが生まれたわけでもなく、李瑁が失脚すると玉環の立場もパッとしなくなりました。しかし、そのまま不遇の美女として人生を終えることができたほうがまだ、玉環にとっては幸せだったのではないでしょうか。

740年、後添いの妻を探していた、夫の父親……つまり義父にあたる玄宗に、玉環は見初められ、断れぬがまま禁断の関係を結んでしまいます。そして首都・長安の東に位置する温泉宮に隔離され、そこで2人のアヴァンチュールは続けられました。

当時ではもはや老年の域に達した55歳の玄宗ですが、玉環への執着は凄まじく、後に**李瑁と玉環を離婚させると、玉環を一時的に道教の寺院で出家させ、さらにまたしばらくしたら還俗《げんぞく》させる**という手段を経て、彼女を正式に自分の妻としてしまったのでした。これらが楊貴妃の誕生にまつわる秘話です。

玄宗に愛されるようになってからも、楊貴妃はとくに大きなワガママを言うわけで

もありません。南方から好物のライチを大量に届けさせていた、温泉が好きだった……とかその程度の可愛らしいものです。

玄宗が若い日に戦わねばならなかった、彼の親族の女性たちは、自分の欲望のためならライバルを殺すことだって平気でした。玄宗は若き日からアクの強い女たちに苦しめられ、政治家としても長年、苦心惨憺《くしんさんたん》の努力を重ねてきたわけですから、おとなしい性格で、**当時の美人の基準としては「ぽっちゃり」していた楊貴妃に究極の癒やしを見出してしまった**のでしょう。

愛の末路は、柳の木の下で首を絞められて

そんな楊貴妃がなぜ殺されてしまわねばならなかったのかというのが、古代中国の恐ろしさでした。楊貴妃は、一族の罪に連座《れんざ》させられてしまったのです。

楊貴妃によく思われたい一心の玄宗皇帝から、彼女の一族・楊家は重用されるようになっていました。下級役人一族の楊家が、楊貴妃のコネだけで重臣の座に引き上げられたのですから、反感は凄まじかったと思われます。

楊貴妃の親戚・楊国忠《ようこくちゅう》は皇帝のお気に入りという立場を利用し、皇帝の耳に自分の

憎きライバル・安禄山《あんろくざん》という人物の悪口を吹き込み続けました。そしてついにその安禄山が屈辱に耐えかねて反乱を起こし、国中の不満も爆発、それが後に「安禄山の乱」と呼ばれる叛乱にまで発展していったのです。

玄宗皇帝は事態を収拾するため、叛乱軍の憎しみの的にされてしまった楊貴妃を殺すことにします。世間では「悲恋」扱いですが、最後まで玄宗にとって楊貴妃はオモチャみたいなものでしかなかったようですね。

玄宗に愛され続けるために、若さを保つ薬と信じられていた幼女の尿まで飲んでいたという伝説もある楊貴妃。その末路が、玄宗に愛されたがゆえの死でした。

それでも楊貴妃はおのれの運命を受け入れ、柳の木の近くで首を絞められて殺されました。立派な最期だったといいますが……楊貴妃の遺骸はその後、行方不明になってしまったそうです。彼女の遺体はどうなってしまったのでしょうか……。

にもかかわらず、「楊貴妃の墓」なる史跡が現在の中国には存在します。しかし、この墓は記録に残るだけでも3代目なのだそうですよ。しかも、墓がセメントで固められているのは**「美人の薬」として墓の土が盗られてしまう**からだそうです。死してなお翻弄され続ける楊貴妃を思うと、いたたまれない想いにとらわれます。

世界一美しい霊廟「タージマハル」をめぐる愛憎

インドのアグラにある通称・タージマハルは、世界でもっとも美しい霊廟建築のひとつです。**ムガル帝国最盛期の皇帝シャー・ジャハーンが、最愛の皇妃ムムターズ・マハルの早すぎる死を悼《いた》んで作らせた「夫婦愛の結晶」**がタージマハルという見方が定番ですよね。

たしかにシャー・ジャハーンは、妻が亡くなると深い悲しみをあらわにしました。

「まる1週間、陛下は深い悲しみのあまり（これまでは政務に真面目に励む人柄だったにもかかわらず）公の場にお出ましにならず、国事を遂行されることもなく（略）、この不幸のあとは、以前のように音楽をきかれることも、歌われることも（略）なさらなかった（当時の廷臣で歴史家イナーヤト・ハーンの証言）」

それだけでなくその後、21年の年月と国を傾けるほど莫大なお金をかけて、亡き妻のためだけに壮麗な墓を作らせたのですから。

しかし実際のところ、タージマハルがあまりに美しく、完璧に作られすぎているところに、筆者はこのシャー・ジャハーンという男性の二面性を見てしまうのです。

ムガル帝国最盛期の皇帝だった彼の人柄を評し、イギリスの外交官トーマス・ローは彼が**「かすかな笑みを浮かべることもなく、一瞬たりとも威儀《いぎ》を崩そうとしない」**とか、**「極度の傲慢さと侮《あなど》りとが混じった顔つきをしていた」**と言っています。

亡き妻を慕い続けた愛情深い一面も彼にはありましたが……その一方で、心の奥底にははかりしれない暴力的な一面もありました。

シャー・ジャハーンは、自分が寵愛していた貴族に嘘をつかれたと知ると、怒りのあまり撲殺してしまったという記録もあります。**愛と憎の差の激しいパーソナリティの持ち主**だったのは明らかでしょう。

亡き妻の面影を追い続けた、シャー・ジャハーンの闇

彼の愛情には、濃淡がはっきりとつけられていました。シャー・ジャハーンには正式に定められただけでも4人もの皇妃がいましたが、豪華な霊廟を作ってもらったの

はムムターズ・マハルただ1人です。

シャー・ジャハーンが20歳、ムムターズ・マハルが17歳だった1612年に2人は結婚しています。1631年6月17日、ムムターズ・マハルが36歳の若さで産褥熱《さんじょくねつ》が原因で亡くなるまで、なんと14人もの子どもを授かり続けました（成人したのは7人）。

そもそもムムターズ・マハルは実は強気な悪女で、皇帝に自分だけを愛してくれと言うだけでなく、**「ほかの女をもし妊娠させたら、流産させて」**とまで頼んでいました。また「政治を執る夫を積極的に助けた」……と評すれば美しく聞こえますが、政治に介入することもしばしばだったそうです。

しかし、これだけのワガママを許すほどに愛していたムムターズ・マハルが亡くなると、ほぼ彼女だけに向けられていたシャー・ジャハーンの愛情は行き場を失い、妙なことが起きはじめます。

彼は側室をどんどん増やし、**独身女性だけでなく臣下の妻にまで手を出し、さらには年に1度、女性を品定めするため、8日間にわたる市場を開きました**（女奴隷購入のイメージ）。

さらに、亡き妻の面影を求めるあまりでしょうか、**美しい長女ジャハナーラーと近**

親相姦《そうかん》の関係に陥《おちい》ったとすらいわれています。この怪しい噂はヨーロッパにまで伝わりました。

21年におよぶ工事期間の末に、霊廟が完成すると、皇妃の命日にあたる6月17日には毎年必ず、タージマハルで妻の思い出とともにシャー・ジャハーンは過ごしていたそうです。

しかし彼の晩年は悲惨なものに転落していきました。

薄情に接していた息子からの〝予想もしなかった復讐〟

シャー・ジャハーンは妻たちだけでなく、子どもたちも平等に愛することができませんでした。

最愛の息子の皇太子ダーラー・シコーに比べ、その弟・アウラングゼーブにはあからさまに薄情に接していたため（二人ともムムターズ・マハルの子なのに）、アウラングゼーブは成長後、自分が父親からいかにつらい思いをさせられたかを乱暴な言葉で訴えるようになります。

ダーラー・シコーとアウラングゼーブの確執は1658年、ついに内戦にまで発展。アウラングゼーブが勝利を収めます。しかも、逮捕された兄のダーラー・シコーや、その子どもたちは徹底的に痛めつけられた後に斬首されてしまったのです。

その知らせだけでもシャー・ジャハーンを苦しめるには十分すぎたでしょうが、それからしばらくしたある日のこと。

食卓についたシャー・ジャハーンが、運ばれてきた肉皿のフタを取ると……その**皿にはなんと、最愛の息子ダーラー・シコーの首が載せられていた**のです！

イタリア人旅行家ニコラエ・マヌッチの証言によると、シャー・ジャハーンは「一度だけ叫びを発すると、前のめりに倒れ込み、食卓に顔を打ち付けた」だけでなく、歯が何本も折れてしまうまでその行為を止めませんでした。

シャー・ジャハーンはその後も死ぬまで、実権を握ったアウラングゼーブから個人資産の宝石を奪われるといった冷遇を受けることになりました。

そして彼は、タージマハルに近いアグラの宮殿で家族や愛人たちに見守られながらも、幽閉同然の生活を送りました。

窓から見えるタージマハルをぼんやりと眺めているだけの晩年だったとよくいわれますが、実際はそれ以上に悲惨で、新しい上履きを買うこともままならないほどに困窮していたそうです。

1666年、74歳のシャー・ジャハーンは排尿障害を起こし、長女ジャハナーラーたちに見守られつつ、苦しみながら亡くなりました。

セックスドラッグ（催淫剤）の副作用で、腎臓が弱りきった結果だったそうですが……満足な上履きすら買えないのに、なけなしの金を怪しい薬にぶちこんでしまう、元皇帝の老残《ろうざん》の姿には空恐ろしいものがあります。

タージマハルの純白の輝きに覆い隠された、ムガル帝国皇室の闇は途方もありません。

「王冠を被った娼婦」女帝エカテリーナ2世とその愛人たち

18世紀のロシア帝国は「女帝の時代」と呼ばれ、4人もの女帝が登場しました。18世紀末になるまで、皇帝の死後、その妻である皇后が女帝になれるというユニークな制度があったためです。しかも人望が第一で、一定条件さえ満たしていれば、その皇后が皇帝一族・ロマノフ家の血筋を引いていなくても大丈夫だという、アバウトとすらいえる制度だったのです。

この制度の恩恵を最大限に受けたのが、**生まれはドイツのポメラニア地方の小貴族の娘にすぎなかったのに、ロシアの女帝の座にまでのぼりつめたエカテリーナ2世**です。彼女は人をたらしこむ能力の凄さも含め、いわば「ヨーロッパの女・秀吉」とでもいったところでしょうか。

そしてエカテリーナは、国務を執るかたわら、美しい男性とのひとときを楽しむことも忘れない、パワフルであり好色な女性でした。彼女は公式に認めただけで10人以上の恋人を持ち、生涯で5人の子どもを出産しましたが、子どもの父親が全員違うのです。ただし、「同時並行で複数の男性とは付き合わない」といった自分に課したルールは守りました。また彼女が別れを決意する理由は、男側の浮気が大半だったといわれます。

跡継ぎの息子の〝出生〟にまつわる疑惑

エカテリーナは、自分の意に添って動いてくれる相手には惜しみない寵愛を与えました。一方で、逆に自らの意に従わない相手は、たとえそれが夫であろうが、息子であろうが、すっぱりと切り捨てたのです。

たとえば1762年6月28日にエカテリーナが女帝となったのは、無能な夫だったロシア皇帝ピョートル3世を廃位するクーデターに成功したからです。

もともと愛のない結婚でした。ピョートルはわずか半年ほど在位しただけですが、エカテリーナは彼を政治的に無能と断じただけでなく、**「男性としても性的にほぼ無能だった」**とも自伝で執拗に書いています。

エカテリーナは自伝の中で、結婚してからも夫は心身ともに幼いままで、9年もの間セックスができなかった（実際は5年程度）とまで赤裸々に書いており、そこにはハッキリとした侮蔑《ぶべつ》の感情がうかがえます。

さらにエカテリーナは、**息子のパーヴェルはピョートル3世の実子ということになっているが、実際は当時、激しく愛し合っていた貴族の愛人セルゲイ・サルティコフが本当の父親だ**というようなことすらほのめかしているのです。皇帝の血筋の信頼性が崩れ去る内容です……。さらにこの自伝は、その実の息子に堂々と捧げられているのですから、もう言葉を失ってしまいます。

幽閉された夫を、恋人の弟が手にかけ――

廃位させられたピョートルは、1762年6月中に離宮に幽閉されますが、それから間もない7月中に、悲劇に襲われます。

エカテリーナがアレクセイ・オルロフという男から受け取った手紙には、ピョートルの突然の死が知らされていました。

手紙によると、泥酔したピョートルは、「ある人物」にケンカをふっかけました。

それを仲裁しようとしたアレクセイによると**「引き離すいとまもなく、（ピョートルは）もうこの世の人ではなくなってしまった」**のだとか。このアレクセイは、エカテリーナの新恋人であるグレゴリー・オルロフの実弟でした。

アレクセイの曖昧な言葉づかいには、〝起こったこと〟をありのままには書けない罪悪感が反映されているようです。すべてはピョートルを警護するという名目で監視し続けていた近衛兵たちの暴走であり、実際にはピョートルは死ぬまで殴られ、蹴られるといったリンチを受けたのでしょう。

しかしエカテリーナはこの殺人事件を知っても、これを精査しようとせず、ピョートルの葬式にすら出ず、**恋人とその弟そしてわが身を守るため、ピョートルは「下痢と痔疾《じしつ》の悪化による大量失血」ゆえに死んだと公表**してしまいました。恐ろしい女ですね……。エカテリーナはツジツマ合わせの天才です。

グレゴリー・オルロフとの関係は比較的長く続きますが、エカテリーナは彼の浮気が発覚するやいなや、すぐに別れを決意、広大な領地などを贈って、これまでの労を手厚くねぎらって「これからはお友だちになりましょう」式にお別れしました。

このように大勢の愛人たちに、女帝から気前よく下賜《かし》される広い土地には、農奴《のうど》が必須でした。これが原因でロシアの農奴数は増加する一方で、貧富の差はどんどん拡大していったのです……。

“女帝好みの男”を自ら送り込んだポチョムキン

そんなエカテリーナの最愛のパートナーとされているのが、グレゴリー・ポチョムキンという優秀な軍人でした。

彼は、女帝の寵愛と特権を失ったオルロフ兄弟から襲撃され、左目を失明したとか。しかし政治家としてもすぐれていたポチョムキンは、エカテリーナにとって公私にわたってなくてはならない人となり、２人は秘密結婚までしています。

ポチョムキンは女帝の操縦に長《た》けていました。奔放すぎる女帝の気持ちが自分から離れないよう、地方に遠征するときは、自分の息のかかった男性を、女帝の側に置いていったようです。まるで、寵愛が薄れた側室が別の女性を上様にお勧めした、日本の大奥のような話ですね。

ポチョムキンから、「貴女は男性遍歴が多すぎて嫉妬してしまう」などと言われたエカテリーナは、次のような一節を含む、媚《こ》びた手紙を送りました。

「ねぇ勇士様（ポチョムキンのこと）。これだけ懺悔《ざんげ》してもまだ私の罪を許してくださらないの？　15人だなんて、嘘。ほんとはその3分の1（略）」

日本の遊女たちの手練手管《てれんてくだ》にも、「浮気の類を恋人から責められたときは、それが本当ならキッパリと認めてから言い訳をしろ」というのがありました（『難波鉦《なにわどら》』）。

これを本能的に用いているエカテリーナ……やはり恐ろしい女です。

孫ニコライ1世から、後には**「王冠を被った娼婦」**とすら言われてしまった彼女、さすがとしかいいようがありません。

かつての王妃を次々と処刑台へ――ヘンリー8世の傲慢なる結婚

かつてのヨーロッパの王室の結婚生活というものは、乱倫の巣窟《そうくつ》でした。

たとえば、かのエリザベス1世の父王として知られるヘンリー8世。若い頃は、知的な美男子として国内外から褒めたたえられた存在でしたが、国王としての全能感、そして世継ぎを得なければというプレッシャーが彼を狂わせてしまいます。

彼は**自らの王妃を「世継ぎを産めないから」と次々と追放していった（中には殺した場合も）恐るべき王**として、当時のヨーロッパ中に、ひいては後世にまで名を轟《とどろ》かせてしまいました。

彼が妻を追放し続けたのは、当時の英王室が信仰していたカトリックの教えでは、離婚が通常認められないからなのですね。ヘンリー8世はそこまでしてでも、世継ぎとなる、正嫡《せいてき》の息子を授かるべく必死でした。

補足しておくと、カトリック教会から離婚が認められる場合もありました。男性が性的不能であると立証できれば……の話です（下手すると、離婚を強硬に申し立てる妻と、プライドにかけて拒否したい夫の間で、性行為が可能か法廷で皆が見ている前で試みさせられる、という極端なケースもありました）。

しかし、男性至上主義＝マッチョ主義の権化のようなヘンリー8世は、プライドにかけてそんなことを認めるはずがありません。そもそも英国の成人男性の平均身長が160センチほどだった時代に、ヘンリー8世は190センチを超えた、しかも筋肉質のプロレスラーみたいな大男でした。

おまけに**鎧《よろい》にまでことさらに巨大な股袋（152ページで詳述）を付けて戦に望んだというほど、見栄の強いタイプ**です（現在もロンドン塔の博物館で実物を見ることができます）。男性としての能力に自信があったし、それを誇示していたいタイプでした。

百歩譲って、不能であるということにして離婚しても、それでは次に正式に結婚することが難しくなります。英国王・ヘンリー8世の世継ぎを産むのは、正式な手続きを経て結婚に至った、高貴な女性でなくてはならないのです。

男らしさという病に取り憑《つ》かれた**ヘンリー8世によって、王妃が男の子を産めない**

と判断されると追放され、別の若い女性があてがわれることが繰り返されました。逆にいえば、女たちの野心が王妃の座をめぐりぶつかり合った結果ともいえますが……。

王妃の侍女を、愛人の1人に

ヘンリー8世の最初の王妃となったキャサリン・オブ・アラゴンは当初、ヘンリーの兄アーサーの妻だった女性です。しかしアーサーは病弱だったこともあり、キャサリンは処女のまま、未亡人となりました。

そんなキャサリンにヘンリーは異様な執着を見せ、結局、正式に結婚してしまうのです。しかしキャサリンがなんとか産んだのは女の子で、ヘンリーを落胆させました。当時の英王室には女児が女王になれるという法律はなかったからです。流産や死産が続くキャサリンを後目に、なかなか世継ぎを授かれず焦ったヘンリーはアン・ブーリンという女性を愛しはじめます。

アン・ブーリンは王妃キャサリンの侍女でした。さらにアンはそれ以前に、ヘンリーの妹の侍女としてフランス宮廷に滞在していたこともありました。つまり当地で色恋のテクニックを学んでいたとおぼしいわけです。しかもすこぶる野心的な性格でしたから、生粋《きっすい》のお嬢様であるキャサリンなどは「敵」ではありません。

ただしアン・ブーリンの実家は貴族とはいえ、成り上がりの家系であり、ヘンリー8世はアンのことは正式な結婚の相手としてまで考えてはいなかったフシがあります。

ところが、アンは「愛人として生きるなどイヤだ」と国王の気持ちを見透かした発言をします。相手が自分に惚れきっていることを知った上で、博打《ばくち》に出たのです。


「Queen or nothing（王妃となるか、別れるか）」


実際にアンの使った啖呵《たんか》だそうですが、これが恋愛体質のヘンリー8世の心を刺激！　イチかバチかの大博打は成功してしまいます。

1533年、ついにヘンリー8世はアン・ブーリンを正式な王妃となすために、「不妊」などを理由にキャサリン王妃と離婚。キャサリン王妃への反感を隠そうともしなくなっていたアンは、キャサリンへの侮蔑を表現した黄色いドレスでヘンリーと踊り、国王の決断を喜びました。

〝用済み〟となった王妃には、濡れ衣を着せ……

しかし、こうして王妃の地位を勝ち取ったアン・ブーリンですが、彼女とヘンリー

8世以外、誰も喜ばない結婚でした。ウェストミンスター大聖堂で執り行なわれる結婚式のために現われたアンの一行に、民衆は罵声《ばせい》を浴びせかけ、貴族たちはアンという害毒をいかにして王室から排除するかを囁き合っていたのです。

圧倒的な逆風の中、アンが産んだのは女の子のエリザベス、ただ1人だけでした(後のエリザベス1世)。

そして1536年、アン・ブーリンもキャサリン元妃とほぼ同じ理由で、ヘンリー8世から妻の座を奪われることになります。このとき、彼女はヘンリーの2人目の子を流産してから4カ月目。しかしもう、王子を産む機会はないであろうと判断され、まるで壊れた道具のように捨てられてしまったのですね。

まずヘンリーは、アンの取り巻きの男たちを4人逮捕。彼らが拷問の末に漏らした情報をもとにアンも逮捕されますが、その容疑には「(キャサリン前王妃が産んでいた)メアリー王女暗殺未遂容疑」に加え、ヘンリー以外の男と密通していた罪までが含まれていました。不名誉な濡れ衣をなすりつけられ、しかもアンには一切の弁明も許されないまま、彼女は斬首されることになりました。それでも死刑台に赴《おもむ》くアンは、最後まで堂々としており、微笑みすら浮かべていたとか。

ロンドン塔に夜な夜な現われる、アン・ブーリンの幽霊

そんなアンが処刑されたと聞いたヘンリー8世は娘たちを抱きしめ、**「お前たちを傷つける魔女は死んだ」**と喜びました。

しかし、その「死んだ魔女」が幽霊となって、ロンドン塔やその周辺に出没し続けるとは、想像もしていなかったのでしょう。

アンの幽霊の目撃情報は、彼女にゆかりのある場所・地域で今日にいたるまで絶えることなく、1864年にはロンドン塔の公式文書に、こんな記述が見られるのです。

ロンドン塔の衛兵の1人が、白い靄《もや》に包まれたアンとおぼしき人影を目撃、銃剣を突きつけました。

しかし……まったく手応えがなかったことに恐れおののき、逃げ出してしまいました。それを「職場放棄」とみなされ、クビになってしまったのだとか。

ヘンリー8世には、いわゆる境界性人格障害的な傾向があったように思われます。コレと見込んだ相手には情熱的にアタックをするのですが、あるとき、まるで手の平を返すように「大好き」から「大嫌い」に一転、カードをひっくり返すように扱いが変わってしまうのです。

ちなみにあれだけあちこち幽霊として出没するアンですが、ヘンリーの前には現われなかったようです。

またアンの死後、彼がスピード再婚したジェーン・シーモアという女性が後にエドワード6世として即位する王子を出産しながらも、その直後、産褥《さんじょく》熱で亡くなるという出来事がありました。これは〝アンの呪いだ〟と秘かに噂されたのですが……それが事実でも呪うのがヘンリーではなく、その相手であるところに、アンの女としての悲しみが透けて見えるようです。ヘンリーを内心、異常で危険な男だとわかっていても、本能では拒絶できないくらいに惹かれ、愛してしまっていたのかもしれませんね。

「纏足」――激痛と快楽とをもたらした、小さすぎる足

中国で女性の足が小さくなりはじめたのは、10世紀以降、南宋《なんそう》時代だとされています。

けれどももちろん、自然に足が小さくなるわけがありません。

幼い女の子の足の甲の骨が、その母親や祖母の手によって前後左右に「折り畳《たた》んで」曲げられ、余分な肉は腐らせて落とし、何年もかけて小さくされていく……そんなおぞましく、暴力的な過程を経て作られるのが**「纏足《てんそく》」**の真実でした。

南宋時代は、纏足といっても自然の足よりもやや小さい程度で、サイズは17～18センチほどでした。しかし時代が下るほど、さらに小さな足が求められ、明《みん》代の頃には「三寸金蓮《さんずんきんれん》」なる纏足の理想を説く言葉があり、**成人した後も約10センチの大きさに保たれている足が最高とされた**のです。

清代の中国の広東《カントン》などの諸地方では、庶民でもさらに小さな2寸（約7センチ）の足の女性が多くいたそうで、どうやって家事や家の仕事の手伝いをしていたのだろうと思いますよね。案の定、歩くのですらつらかったようですから。

このように尋常でなく小さな足を保つには、4、5歳頃から、前述したような激痛をともなう過程に耐えねばなりませんでした。当然、この経験は、少女たちの心に大きな苦痛とトラウマを残しました。

纏足の「かかとの窪み」のエロティックな秘密

そこまでしてなぜ……と思ってしまいますが、当時の中国では、纏足された足こそが、女性の身体の中でもっともエロティックなパーツだと定義されていました。

たとえば、伝統的な中国料理において最高とされるのは、素材の持ち味を活かすことではなく、料理技術によって、素材をまったく違う味・食感の何かに変えてしまうことです。

それと同じく、**人間の自然のままの性器よりも、それ以上にエロティックな何かを別の部位で作り上げ、それを愛することが高度な文化の証《あかし》として重視されたの**ではな

纏足の女性

いでしょうか。単なる足フェチの域をはるかに超えているわけです。

中国の春画でも、纏足の女性と男性が抱き合う姿が、性器にいたるまで克明に描かれているのですが、女性のむき出しの裸足が描かれることはありません。纏足が完成された後も女性の足は、常に包帯できつく巻かれており、裸の足を見ることができるのは夫だけ……という決まりがありました。

「(纏足された)足の美しさの鑑賞の最大の要は、踵《かかと》の内折を見ることにある」と中国では古くから言われましたが……「内折」とは足の甲が真っ二つに折り曲げられているがゆえに、できている窪《くぼ》みです。実際に写真に撮られたそれを見ると、まるで女性器を模して作られたかのようです。

そして古代から中国は男尊女卑の傾向が強いわけですが、**昼は夫にかしずかせている妻の足を、夜は夫がかしずいて仰ぎ見、頬ずりなどしている**わけですよ。なかなかに変態的です。

纏足そのものが〝最高の性感帯〟になっていた

女性の纏足を、男性が味わう方法も多岐にわたりました。
単純に見たり、撫《な》でさすってみるだけにはとどまりません。
女性が履いていた小さな靴の中に酒を満たした杯をいれ、その「かぐわしい香り」が酒に移るようにしてから飲むのを「蓮花杯《れんかはい》」と呼びました。蓼《たで》食う虫も好き好きとはいえ、薄気味悪い光景ですね。

これも知っておくと良いかもしれませんが、足（の裏）は、実は鮮烈な興奮を呼び覚ましうる場所でした。帝政時代のロシアのお屋敷では、鳥の羽根を使って王侯貴族夫人の足裏をくすぐり、興奮させ、ときにはエクスタシーすら与える技術を持った「くすぐり女」が雇われていました。

これも豆知識ですが、ピアスした箇所など、ある種のダメージを与えた箇所は、感覚が鋭敏になる傾向があります。

足の裏、鋭敏になった感覚――纏足の場合は、そんな〝快感のツボ〟となる要素を二つ満たしていることになりますね。

女性器を模したような、奇妙な形に折り曲げられた、小さな足に興奮を覚える男性がいることはなんとなく理解できますが、**女性自身にとっても、自分の小さな足を触られると、天にものぼる心地になりえた**という「利点」があったのでしょう。

民には禁じながら、自身が纏足に魅了されていた皇帝

纏足は主に漢民族だけの風習です。現代中国でも漢民族は人口の多数を占めますが、清の時代の中国では、支配階級は満洲民族でした。満洲民族の女性の間では纏足禁止令が固く守られ、皇帝の後宮には纏足した女性は入れないことになっていました（隠して入ると処刑されたとか）。

「纏足は誤りである」と熱心に発言した、満洲民族による清朝の乾隆帝《けんりゅうてい》のような皇帝もいました。

しかし、実はその乾隆帝自身が纏足した（漢民族の）女性を好み、北京北部の円明《えんめい》

園《えん》という離宮にかくまっていたのです。自分の母親に知れたら大目玉を食らうので、纏足の女性には大きな靴を履かせて隠していたそうです。

これはただの噂話にすぎないとされてきましたが……1928年の乾隆帝の墓の調査で、彼に殉死した漢民族の女性が「三寸金蓮」の持ち主だったため、逃れようもない事実と判明してしまいました。民族を超えて、小さすぎる足の魅力の虜《とりこ》になってしまったのです。

3章

「権力」をめぐる闇は深い

――あらゆる野心と欲望が、そこで交錯する

病んでいく高貴な血……ハプスブルク家の不幸な結婚

ハプスブルク家がヨーロッパの歴史の表舞台に登場したのは、10世紀頃にまでさかのぼります。当初は実力派の地方貴族といった立ち位置であり、そこまで華々しい存在ではありませんでした。

しかし13世紀頃、ひょんなことで当主がドイツ国王になり、その後は一族の特徴のひとつである「子だくさん」という武器を駆使、政略結婚によってヨーロッパ中の王侯貴族の頂点にまでのぼりつめていきます。

ハプスブルク家の支配領域も拡大していき、現在のオーストリア・ドイツを本拠地とするのがいわば「東のハプスブルク家」（1438年から1806年まで神聖ローマ皇帝をハプスブルク家の当主が独占）。

スペイン・ポルトガルを本拠地とするのが「西のハプスブルク家」（1516年か

ら1700年までスペイン王）。

さらに、ハプスブルク家は「新大陸」アメリカなど世界各地にも植民地を持ち、「日の沈まぬ帝国」といわれました。

しかし「神に選ばれた」彼らも、しょせんは生身の人間でした。

15世紀〜17世紀頃という繁栄の頂点において、そのあまりの高貴さゆえに、**ハプスブルク家の人々は同族の中にしかパートナーを見つけることができず……つまりは近親結婚を繰り返さざるをえなくなる**のです。いわば、自分たちの血筋の囚人のようになってしまったのでした。

繰り返した近親結婚の〝しるし〟が表われる

「仲の良い夫婦は顔が似てくる」といえば微笑ましく感じるものです。

しかし、**近親結婚を繰り返した結果、血が濃くなりすぎ、同じ顔の子どもばかりが生まれてくる一族**と聞けば……違和感を持たずにはいられません。

あまりの高貴さゆえに、病み衰えていくハプスブルク家の面々に当時の人々が感じた恐怖は本能的なものだと思います。とくに15世紀〜17世紀頃のハプスブルク家の人々には、異様ともいえる身体的な特徴が強く出ていました。

彼らの容貌は男女ともに多かれ少なかれ、よく似通っていました。

ハプスブルクの顔には大きく分けて、細長い輪郭の顔、大きな垂れ目、巨大なわし鼻、唇……そして**何より巨大でしゃくれた顎《あご》**という特徴がありました。

顔の輪郭自体は、奇妙なまでに細長いのです。それなのに巨大すぎる顎が付いており、全体的にしゃくれあがって見えます。下唇だけが大きく膨らんでもいました。分厚い二重の大きな眼は眠たそうに、目尻にかけて垂れさがっています。

さらにはパーソナリティにも、破綻《はたん》が見られました。**精神的に不安定**なのです。これらの特徴は、ハプスブルク家の家訓「幸いなるオーストリア（＝ハプスブルク家）よ、汝《なんじ》は結婚せよ」通りに、彼らが政略結婚を繰り返した結果、深まっていった遺伝的要素なのですね。

ハプスブルク家に〝個性的な顔〟を持ち込んだのは誰か？

「ハプスブルク顔を作ったのは誰だ？」という論争はいまだに続いています。

あまりに特徴的すぎる、しゃくれた巨大な顎は、アルブレヒト2世に嫁いだヨハン

ハプスブルク家の肖像——「顎」に注目

ナ・フォン・プフィルト（1300－1351）が、ハプスブルク家に持ち込んだ遺伝的要素だ……という根強い説もあります。

当時のハプスブルク家の当主は、他国のライバルから毒を盛られて死ぬ危険性が大いにありました。ヨハンナの夫・アルブレヒト2世もおそらくは毒殺未遂で全身麻痺の体になってしまいますが、それ以来、子どもを1人も授からなかったヨハンナが、次々と子どもたちを授かるという「奇跡」を連発、ハプスブルク家の血筋をようやく次代につなげることができたのです。

当時の人々は、ヨハンナが浮気したに違いないと思っていたわけですが、アルブレヒト2世は「子どもたちの父親はみなすべて、自分である」と公言、噂をかき消すことに腐心《ふしん》しています。夫婦によると「2人でキリスト教の聖地巡礼に出かけたがゆえの奇跡」だそうです……。

このようなキャラの強い女性に、ハプスブルク顔の起源も由来させたいという気持ちはわかりますが、ヨハンナには詳細な記録も、同時代に描かれた写実的な肖像画もあるわけではないので、すべては伝承の域なのですが。

ここからは関係者の肖像画を自分なりに調べてみた、筆者による「個人的見解」ですが……ハプスブルク家特有とされる細長すぎる顔、受け口気味の巨大な顎、タラコ唇などといった要素を持ち込んだのは、フリードリヒ3世（1415－1493）の妻で、もとはポルトガル王家出身のエレオノーレ・フォン・ポルトゥガル（1436－1467）ではないでしょうか。

当時はすでに細密な肖像画が存在しており、後世でハプスブルク家の特徴とされた要素は、実はポルトガル王家由来のものだったのだと筆者には思われます。

彼女とフリードリヒ3世の間に生まれたマクシミリアン1世は、肖像画から見る限り、典型的なハプスブルク顔の最初の人物だといわれます（103ページの肖像画の左端の人物）。

マクシミリアン1世は母親エレオノーレ・フォン・ポルトゥガルに似て、伸びやかで明るい性格の持ち主だったといわれますが……言語面に障害があり、5歳になるまで喋れなかったそうです（彼の父のフリードリヒも陰では「うすのろ」と言われていました）。

そう、後々のハプスブルク家特有の病的傾向は、その歴史のかなり早い時期に他国の王室との結婚を通じてすでに表われていたようです。

そして、それは数百年にわたって、一族の人々を苦しめました。まず〝家柄ありき〟の政略結婚の闇を感じずにはいられません。

「いかがわしすぎる儀式」が、ロシア帝政を破滅に導いた？

滅びるべくして滅んだ……そんな印象しかないのがロシア帝国の最後でした。

皇帝夫妻を含むロシア帝国の上流階級は、怪しげな祈禱《きとう》僧グリゴリー・ラスプーチンの虜となっていました。

とくに1914年に第一次世界大戦に参戦してしまってから、1917年にロシア革命が起きるまでの数年間、ロシアの宮廷はラスプーチンの呪術に支配されているような状況になっていたのです。

ラスプーチンが巧みにつけいったのは、皇帝夫妻の心のスキマでした。

最後のロシア皇帝となってしまったニコライ2世は、皇后アリクス（アレクサンドラ・フョードロヴナ）と恋愛結婚をしています。珍しい王族同士の恋愛結婚ですが、ニコライの母を含むロシア皇族の中には、アリクスとの結婚を快《こころよ》く思わない人たちがたくさんいました。

アリクスはあまりに内気すぎて、ロシア皇帝の皇后には不適格だ……というのが大方の意見だったのですが、ニコライは周囲の反対を押し切り、アリクスと結婚してしまいます。内気で不器用なアリクスと同じくらい、ロシア人としてはかなり小柄で華奢《きゃしゃ》な部類に入るニコライも大変にシャイな男性でしたから、2人はお互いに共通点を見出し、惹かれあったのだと思います。

しかし、彼らの結婚は、結果的にロシア帝国の崩壊を招いてしまいました。

弱く、思い込みの激しかった、アリクス皇后の性格

もともとアリクスの実家であるヘッセン大公家には、19世紀半ばから不幸な死を遂げた人物が多く、**「呪われている」**とヨーロッパの上流階級では有名でした。

またアリクスは両親から、血友病の遺伝子を受け継いでいました。血友病とは、血液の凝固成分に不足があり、血がいつまでも止まらないという厄介な病です。

そして……3人の皇女を産んだ後、**ようやくアリクスが授かった待望の男の子、ア**

レクセイ皇太子にその血友病の症状が表われてしまったのです。

アリクスは単に内気というのではなく、「自分の世界の中で、自分の決めたルールで生きていることを強く望む」タイプの女性でした。

それがもっともよくわかるエピソードとして、彼女は**「私はもう3人も女の子を産んだわ。そのうち誰かが女帝になるでしょう」**と本気で考えていたとか。

しかしロシア帝国では、19世紀はじめ頃に皇室典範が改変され、女性が皇帝になることは、すでに不可能でした。アリクスは、そうした〝知りたくない真実〟は自分からできる限り遠ざけておきたい……という頑固さと心の弱さがある人物だったのです。

結果的に、そんな女性が皇后という地位にのぼってしまったことで、グリゴリー・ラスプーチンという奇怪な人物がロシア全体を牛耳ってしまうスキができたことになりますね。ロシア帝国の崩壊は、さまざまな偶然が、もっとも不幸な絵を描くように積み重ねられた結果でした。

ラスプーチンはどのようにして皇后の心に取り入ったのか

祈禱僧として抜群の霊力を発揮するグリゴリー・ラスプーチンが、皇帝夫妻に謁見したのは1905年。それ以降、**血友病の皇太子の危機を何度も祈禱で救ってもらったこと**で、皇后のラスプーチンへの信頼と「愛」は絶対的なものとなっていました。

次に引くのは、皇后アリクスからラスプーチンに送られた「恋文」です。

「**わたしの愛しい、忘れえぬ師よ**（略）。あなたがわたしのそばに座り、わたしがあなたの手にキスをして、あなたの幸せに満ちた肩にうっとりと顔をもたせかけるとき（略）はわたしもどんなに気分が楽になることでしょう。（略）

早くいらしてください。わたしはあなたを待っています。あなたを思うとせつないのです。（略）**永遠にあなたを愛するM（ママの略）より**」

この手紙は1912年初頭、ラスプーチンのライバルにあたる、イリオドルという聖職者から出回り、ラスプーチン反対派の手でパンフレットに印刷されて、国会議員たちの間にばらまかれた中の一節です。皇帝は手紙を見せつけられ、真っ青になり、これが皇后の直筆であることを認めました。そして荒々しい手つきで机の引き出しに放り込んだそうです。

奇怪なことに、皇后はこの手紙を書いたことをすんなり認めました。なぜなら皇后は自分がラスプーチンに尊敬の念だけでなく、恋愛感情を抱いているとはまったく考えていなかったからです。彼女にとっては不倫ではないので、罪悪感もないのです。

そして皇帝ニコライは、ラスプーチンが何度も血友病に苦しむアレクセイ皇太子の発作を、ときには医者に見放された状態であったとしても、祈禱ひとつで治してきたという実績に抗《あらが》うことができなかったのですね。

「ラスプーチン＝巨根の持ち主」説は本当か？

そんなレベルにまで皇帝夫婦を洗脳し、自分の支配下に置いていたラスプーチンは、同じようにロシアの上流社会の女性たちをも手なずけていました。

ラスプーチンが彼女たちに行なっていた恐るべき「宗教的儀式」があります。

彼は、女性を罪深い者だと信じていました。そして女性たちをより罪深い存在にしているのは肉欲・性欲であり、その**「淫蕩《いんとう》の魔を（身体から）追い出す」**儀式を行なわねばならないとラスプーチンは考え、それを実行していました。

要するに**宗教的儀式と称して、彼女たちとセックスしてまわっていた**のです。

本当は穢《けが》れに触れるような行為を聖職者である自分は絶対にしたくないのだけれど、不幸な女性を救うためには致し方ない、と彼は本気で考えていたようですよ。自分の身体を犠牲にして、女性信者を救わねばならない、とも。ラスプーチンの熱心な女性

ラスプーチン（中央）は上流社会の女性たちから崇拝されていた

信者たちも、まさにそうだと信じていました。

この手の儀式をラスプーチンにしてももらっていた女性信者たちの1人に、ロシア皇后も加わっていた証拠はありませんが……ロシアではいにしえから、皇帝夫妻の姿こそが帝国を体現するという考えがありました。帝政末期の滅びゆくロシアは本当に闇に閉ざされていたことがわかるのです。

それにしても、なぜラスプーチンが女性たちから異様に必要とされるのか、その理由を知りたいと当時の人々が考えていたのは当然でしょう。

当時から、彼が異常に巨大なペニスの持ち主だったという説はありました。しかしそれは事実とは違っていたようです。

「(40代半ばを過ぎてもなお) 彼の体は非常にがっしりとしてしまっており、血色がよくスマートで、この年齢にあっては当たり前の腹のたるみも筋肉の衰えもありませんでした。

そしてある年齢になると黒くなったり茶色がかったりする性器にも、黒ずみは見られませんでした」

これは、当時のロシアで出版業界にいたアレクセイ・フィリッポフという男性による、ラスプーチンの「ナイスバディ」そして「美チン」目撃証言ですが、大きさについての言及はないのです。

ラスプーチンは金持ちになった後も庶民的な生活習慣を変えず、公衆浴場に行くことを好んだがゆえに判明した事実ですが、年齢不相応に若々しい身体の持ち主だったのですね……。

ラスプーチン暗殺――怪僧はいかにして絶命したか

１９１６年12月30日になったばかりの深夜のことでした。外出着に着替えてベッドに横になっていたラスプーチンのもとに、予定より少し遅れて出迎えの者が到着します。

裏口から入ってきた青年に、ラスプーチンは気安く「**おちび**」と呼びかけました。青年の名はフェリックス・ユスポフ公爵。彼は、ロシア皇族出身の美しい妻と幼い娘を持つ身でありながら、ラスプーチンの熱心な男性信者でもありました。

ラスプーチンは、女性信者たちにしていた例の「淫蕩の魔の解放儀式」を、同性愛に悩む男性信者に対しても行なっていたのです。当時のロシアでは、同性愛自体は絶対的なタブーというわけではありませんでしたが、それなりに肩身の狭い思いをすることは多かったようです。

当初、ユスポフはラスプーチンを憎く思っており、バカにするために女装して彼の家を訪ねたそうです。このとき、ユスポフを男だと見抜けなかったラスプーチンに、ユスポフは面罵《めんば》を浴びせ、その応酬に彼から平手打ちを喰らいます。

しかし……その後、なぜかユスポフはラスプーチンに懐《なつ》き、ラスプーチンもユスポフを「おちび」と呼んで可愛がるようになりました。

一見は良好だった2人の関係ですが、単純なラスプーチンに比べ、女装好きで同性愛的傾向を強く持ちながらも、ロシア皇族出身の妻に対しては良き夫の顔を見せ続けたユスポフには、他人には計り知れない複雑な内面があったようです。

ラスプーチンをユスポフが殺害しようと思った動機は、政治的なものです。ユスポフは軍人として戦争を支持していたので、第一次世界大戦からロシア帝国を早期撤退させるよう皇后を動かしていたラスプーチンを黙らせたかったようですね。

何も気付かないまま、ラスプーチンは車に乗せられ、ユスポフ公爵邸に連れて行かれました（**このときのラスプーチンのあまりの無防備さは、彼がユスポフに夢中だったからとしか考えられない**……と、暗殺計画に協力していたドミトリー大公は回想に記しています）。

そして彼は地下室に案内されました。ユスポフの美貌の妻に紹介される予定だったのです。

ユスポフはラスプーチンに、

「今、妻はパーティの最中だ。でももうすぐ客は帰るから、それまで地下室でお茶やケーキでもいかがですか」

と勧めました。それらの食事には、暗殺計画協力者の医師の手によって、致死量の青酸カリが仕込んでありました。

いくら食べさせても、〝毒の効果〟が表われない……

しかし……ユスポフの計画には根本的なミスがありました。

聖職者であるラスプーチンはケーキのような甘ったるいものを普段、口にすることは決してなかったのです。最初、ラスプーチンはユスポフの申し出を断りました。

パニックに陥ったユスポフは、ラスプーチンを地下室に残し、「上階の妻の様子を見てくる」と言ってハシゴを登ります。そしてドミトリー大公や協力者のもとにかけつけ、**「なんてことだ！　アイツは何も食べない！」**とぼやきます。

ユスポフが意を決して地下室に戻ると、ラスプーチンは何を考えたかケーキを食べお茶を飲み、そしてワインまで口にしはじめました。いずれにも致死量の青酸カリが仕込まれていました。

ところが……**奇怪なことに、それらの毒はラスプーチンには効きませんでした。**死なないのです。

3杯目の毒入りワインを彼に飲ませたあたりを、ユスポフの回想で見てみましょう。

「われわれは互いに向かい合って座り、黙々と酒を飲んでいた。彼は私を見つめた。その目はずるそうに微笑んでいた。『そら見たまえ、君がどんなにがんばったところで、俺をどうすることもできないのさ』**しかし、突然、狡猾《こうかつ》で甘ったるい笑いに代わって、憎悪の表情が現れた。彼のこれほど恐ろしい形相を、私は今まで見たことがない。**彼は悪魔のごとき目で私を見つめた。私は奇妙な茫然自失状態のようなものに襲われ、めまいがした」

……しかしそれは、ユスポフの脳裏に浮かんだ白日夢のような「妄想」でした。

ラスプーチンは気分が悪いといってソファに腰掛けましたが、部屋の隅にあったギターを見つけると、ユスポフに陽気な歌を歌えとリクエストしてきました。

「この悪夢は二時間以上続いた」

拳銃を手にしたユスポフは、ラスプーチンの背後に回り——

いっこうに死ぬ気配のないラスプーチンに、とうとうユスポフは打つ手もなくなり、階上にふたたび上がります。

協力者たちに「みなさん、どうしたらいいでしょうか?」と聞いてまわるほど動揺したユスポフに、ドミトリー大公は自分の拳銃を手渡します。

ようやく正気に戻ったユスポフは拳銃を背中に隠しながら、地下室に戻ります。それでもラスプーチンは気が付きませんでした。ユスポフは恐れを隠すので精一杯だったと思いますが……。

その後、自分がとった行動について、ユスポフはこう回想に記しています。

「私はクリスタル製のキリスト磔刑《たつけい》像に近づいた。

『僕はこの十字架が大好きです』

『でも俺にはこの（カラクリ付きの）引き出しのほうが面白いな』（略）『グリゴリー・エフィモヴィチ（ラスプーチンのこと）、十字架を見て、それにお祈りを捧げたほうがいいんじゃありませんか（略）』

私はゆっくりとした動作で、連発拳銃を持ち上げた。ラスプーチンは身じろぎもせずに私の前に突っ立っていた……目を十字架のほうにじっと注いだまま。私は撃った。**ラスプーチンは獣のような猛々《たけだけ》しい声で吠え、熊の毛皮の上にあおむけにどしりと倒れた**」

発砲音を聞いたユスポフの協力者たちは地下室に入り、彼らが見たのは、熊の毛皮の上で痙攣しているラスプーチンの姿でした。

しかし、いったん協力者たちとともに地下室を去った後、ユスポフの心に、ラスプーチンの遺骸をもう一度見たいというあやしい欲望がわき起こります。彼は1人で地下室に降りていき、ラスプーチンの遺体の前に立ちつくすのですが……ここで背筋が凍るような情景を目にしてしまいます。

「もう立ち去ろうとしたとき、私の注意は、彼の左目のまぶたのかすかな震えに引き

つけられた。顔が痙攣したようにぶるっと震え、その震えはますます激しくなってい
く。**突然、彼の左目が少し開きはじめた。右のまぶたが震えだし、両目が悪魔のごとき憎悪の表情を浮かべて私を食い入るように見つめた」**

無意識のうちにユスポフは絶叫していたようです。彼の叫びは、邸内に響き渡りました。

ラスプーチンは勢いをつけて起き上がると、野獣のような猛り声をあげてユスポフにつかみかかってきます。肩に食い込むラスプーチンの指……焼けるような痛みを感じつつ、ユスポフは渾身《こんしん》の力でラスプーチンを押し戻し、地下室のハシゴを登って階上に出ます。しかしラスプーチンもユスポフの後をゆっくりと追いかけてきました。

ラスプーチンの〝遺体〟に発見された異変

協力者の男性の1人が異変に気づき、駆けつけます。

雪の上を、さっき地下室で撃たれて死んだはずのラスプーチンが身体を左右にゆらしながら走っていくのです。それも次第に足を速めながら。

「フェリックス（ユスポフのこと）、フェリックス、皇后に言うぞ」

と叫ぶラスプーチンの背中、ついで頭に合計2発の銃弾が撃ち込まれました。

ついに動かなくなったラスプーチンの死体は羅《ら》紗《しゃ》で包まれ、縄できつく縛られた状態で、車に乗せられ、市内を流れるネヴァ川まで運ばれました。

すでに川は凍っていましたが、ラスプーチンの死体を氷を割ってできた穴に放り込む手《て》筈《はず》になっていたのです。

すべてが終わったのは午前5時過ぎ。一行は放心の態《てい》で解散したようです。

……殺害の朝から3日後の早朝、ネヴァ川の橋のたもとに、ラスプーチンの死体が浮かび上がりました。ユスポフ邸では確かに縄でグルグルに縛られていたはずのラスプーチンですが、**遺体は「威《い》嚇《かく》するように」両腕を掲げ**ていました。

致死量の毒を飲まされ、ピストルを合計3発も撃ち込まれ、縛られた後に、凍てついた川の底に沈められたラスプーチンがなぜ、これだけのことができたのでしょうか？　彼は人間ではなかったのでしょうか？

ラスプーチンは自分の死について予言は残していませんでしたが、彼が、

「私が死ねば皇帝一家も死ぬだろう」

と言っていたという複数の証言が残されています。

皇后もラスプーチンの墓に詣で続け、うわごとのように**「私たちはずっと一緒」**と言い続けていましたが……。

１９１８年７月17日未明、４人の子どもたちを含む元・皇帝一家の全員が射殺されました。ラスプーチンの死から２年にも満たないうちに、３００年以上続いたロマノフ王朝は崩壊したのでした。

「宦官」に求められていた、真の役割とは

その仕事に就くための第一条件が、去勢（男性器を根本から切り落とすこと）という究極のブラック求人が、「宦官《かんがん》」です。宦官の大半は貧しい家の出身でした。明日の食事もままならない「最低の生活」から這《は》い上がるため、去勢され、排尿すら自由ではなくなる人生と引き替えに、宮中に上がることを許された悲しい者たちでした。

宦官の由来のひとつには、征服した民族の男たちを辱《はずかし》めるために去勢し、支配者の召し使いにさせるという残虐な発想があったからです（日本に宦官という制度が一度も導入されたことがないのは、この手のむごい話を良しとしない国民性が関係しているようです）。

歴史上最大の宦官大国が封建時代の中国ですが、古代エジプトの時代から宦官は存在し、後にはインド、エチオピア、トルコなどの宮廷や、国王のハーレムである後宮で召し使われていました。

たとえばトルコでは、奴隷商人が持ち込んできた白人や黒人の少年（大半が誘拐《ゆうかい》の被害者）のうち、下働きにはもったいないほど容貌が優れている者が選ばれて宦官にされました。彼らはごく若いうちに去勢されてしまいます。**男と女の間に位置する、中性的な美を若い宦官に求めたいというニーズ**があったからですね。

「まだ意思の定まらない」少年たちが、去勢の手術台へ

中国でも事情は同じです。唐代の記録によると年が若く、見た目が美しく、仕草も優雅な宦官は出世が期待できたといいます。

政治経済が低迷すると、貧しい男たちが宦官になって食いつなごうと宮廷に大量に押しかけてきたこともありました。明代末期、天啓帝《てんけいてい》の時代である1621年には、300人の宦官を「補欠」として宮廷が募集したところ、なんと2万人もの応募があり、貧民救済の目的から450人が採用された（『日本大百科全書』）という記録があ

ります。

採用基準は唐代と同じで、外見と仕草の優雅さ、それに美声で言葉がハッキリしていることが重視されました。採用されなかった人々もすでに去勢済みなのですから、その後、どうなってしまったのか……考えるのも恐ろしいですね。

この「美声で、言葉がハッキリしていること」という条件には、裏の意味もあります。これには、声変わりする前に去勢されていることが必要だったからです。心も身体も支配者の意のままになるよう改造されてしまうのです。

去勢手術は民間業者が請け負いました。

下半身をむき出しにされて床に座らされ、両足を去勢職人の助手たちに押さえ込まれ、刀を持った親方から**「後悔しないか?」**と聞かれてもなお「絶対に後悔しない!」と言い切る、覚悟の軸がぶれない者だけに手術が決行されたようです。

死亡率は意外に低く、ほとんどが生き残るのだそうですが……本来ならまだ自分の意思すら定まっていないだろう年頃の少年たちが多々、この手術を受ける者の中に混ざっていたはずです。

中国の平均的な宦官の数は王朝によって変化しますが、平均で1万数千名ほど。明の末期ではなお10万人も宦官が宮中にいました。女官は9千人ですから、その10倍以上も多いのです。宦官として頭角を現わすのは女官の出世以上に困難で、去勢までしたことの「代償」を得られる者のほうが少なかったはずです……。

逆にそれでも出世できた場合、その宦官が全能感に支配されても仕方はないでしょう。清代の歴史学者たちの分析によると、**王朝が滅びる原因で一番多いのは、皇帝の女性関係ではなく、宦官が暗躍した結果**だったそうです。

たとえば明代末期に「影の皇帝」とすら呼ばれた魏忠賢《ぎちゅうけん》という宦官は、天啓帝を趣味三昧《ざんまい》の世界に追いやり、皇帝のかわりに政治の裁可を下していたそうです。

彼は全国にスパイを放ち、自分の悪口を言った者を探しては生皮をはいで殺すなど、やりたい放題でした。しかし頼りの天啓帝が亡くなると一気に権力を失い、天啓帝の弟が崇禎帝《すうていてい》として即位すると、磔《はりつけ》の刑で死にました。

皇帝と宦官の関係は、特殊で複雑な絆で結ばれていたことがわかります。害悪視されながらも、殷《いん》王朝以来、宦官が一度も廃止されたことがないのは、宦官という存在に、宮中の高貴な人々からの強いニーズがあったためでしょうね。

ふしぎな〝絆〟で結ばれていた、皇帝と宦官

宦官は、ホルモンバランスが乱れているため、通常よりも早く年をとりました。**40代にして60代以上に見えることも普通で、見た目も声音も老婦人のようだった**と言います。これもある意味、あざけりの対象でしたが……皇帝の信任を得て、絶大な権力を握り、本当にやりたい放題できる宦官は基本的に中年以降なのです。

こうした背景に、宦官を皇帝たちが求め続けた最大の理由が隠されていると筆者は考えるのです。

皇帝（もしくは彼のお妃たち）にとって、宦官は母親の代理品なのだと思います。封建時代の中国では儒教の影響で女性の身分が低く、しかしそれゆえに男性以上に意識を高く持って生きることが理想とされました。逆にいうと、えらい女とか、えらくなる女はもれなく「怖い」のです。実の母親から能力を見限られ、殺されてしまう皇帝も歴史上何人もいました。

誰の中にでもある愚かしさを含め、すべてをありのままに受け入れてくれる、ときには甘えさせてもくれる女性は、社会的に高い身分には（たとえ乳母の類ですら）ほ

とんどいなかったのだと思います。その役割を「お仕事」にせよ引き受けてくれたのが、宦官だった……というわけですね。宦官は、皇帝が宮廷の外でどんな評価を得ているかなど一切気にせず、ただひたすらに皇帝に尽くす存在でした。

『三国志』の時代を生き抜いて漢の初代皇帝（＝高祖《こうそ》）となった劉邦《りゅうほう》は、宦官との間の興味深いエピソードを『史記』に残しています。

歴戦の勇者である彼も齢には勝てず、病気がちとなり、ついに亡くなる前年の夏がやってきました。劉邦は10日余り、部屋にこもりっきりで誰とも会おうとはしませんでした。豪気で知られる武将の樊噲《はんかい》が思い切って部屋の戸を開けたところ、劉邦は宦官に膝枕をされて伏せっていたそうです。

「劉邦様ともあろう方が、1人の宦官（みたいな下らない者）を相手にして世を去ろうというのか！」という樊噲のお説教を聞くと、劉邦は笑って立ち上がったそうですが……宮廷最高の身分である皇帝の劉邦と、最低視される宦官の間には、お互いに依存しあうような関係があったようです。皇帝と宦官、ともに権力に翻弄される人間の悲しさを感じてしまいますね。

妄言か、それとも真実か？
ノストラダムスの「恐怖の大予言」

ノストラダムスの死から400年以上が過ぎた今も、世界中で彼の人気は衰えていません。それはもはやノストラダムスの予言自体が、宗教のようなものだからでしょう。多くの宗教に終末論は見られますが、ノストラダムスの予言ときたら、その手の要素ばかりといっても過言ではないですからね。

有名な「世界の滅亡」についての予言を例にお話ししましょうか。古いフランス語で書かれた原詩からは、このような直訳ができるはずです。

「1999年7カ月、空から恐怖の大王が来るだろう、アンゴルモアの大王を蘇らせ、マルスの前後に首尾よく支配するために」（『予言集』百詩篇第10巻72番）

そう、本当は「7月」ではなく「7カ月」と原文には書いてあり、フランス人が書

いたフランス語とは到底思えない、とんでもなくブロークンな文章になっているのです。しかし、「人類滅亡」という要素は、この詩の中でまったく言及されていません。

私たちは「恐怖の大王」や「アンゴルモアの大王」といった謎めいた単語から、イメージを膨らませすぎてこの詩を解釈してきたようです。

20世紀半ばを過ぎるまで、この詩はそこまで大きな注目を集めることは実はありませんでした。しかしその頃から、世界中で既存の秩序が崩れはじめているというムードはあったでしょう。それが詩の醸し出す異様な雰囲気に呼応し、世界中の人々に怪しいリアリティを感じさせてしまったのでしょうね。

予言詩ひとつで、16世紀のフランス人超能力者・ノストラダムスはその死後も400年以上にわたって有名であり続けました。20世紀前半ではナチス・ドイツが作戦を決行するときの参考にされた……とすら言います（ノストラダムスがユダヤ系フランス人だったのにもかかわらず）。また1999年が近付くにつれ、前掲の予言で、世界中の新興宗教に多大なる影響を与えました。

曖昧な予言で世界中の人々の気持ちをざわつかせてきた、ノストラダムス本人こそ「恐怖の大王」だというような気もするのですが、生前の彼の予言的中率にはなかなかすごいものがありました。しかも生前は曖昧どころか、かなりハッキリと予知する能力にも恵まれていたようです。

フランス国王の「事故死」を詳細に予言

ノストラダムスは、弟子に対して「自分には神霊から送られた直感がある」……つまり霊視で未来がわかってしまうタイプだと告げていました。記録が残っている中で、予言を的中させたもっとも有名な例は、彼がフランス国王の事故死を言い当てたという話でしょう。

1555年5月4日、検閲を潜り抜けて出版されたのがノストラダムスの『予言集』でした。これが宮廷の貴族たちの間で大評判を巻き起こします。

当時のフランス王妃カトリーヌ・ド・メディシスはフランスでも有数のオカルトマニアでしたが、ノストラダムスの『予言集』百詩篇第1巻35番の予言を読んで、異様な感覚に襲われました。直訳すると、

「若き獅子は老いた獅子を凌駕《りょうが》するだろう、一騎討ちの戦の野で。黄金の籠の中、彼(=若き獅子)は(老いた獅子の)両目を引き裂くであろう(後略)」

……というノストラダムス特有の謎めいた言い回しの詩の中の、「老いた獅子」とは、自分の夫のことを指しているのだと、カトリーヌ王妃は直感してしまったのです。

1555年夏、南フランスに暮らしていたノストラダムスは、王室のはからいで用意された早馬を乗り継ぎ、王宮のあるパリに向かいます。ノストラダムスは、王妃から例の獅子の詩句の解釈についてさんざん問い詰められることとなりました。

ノストラダムスは**「国王陛下が無惨な死を迎える」**ことを認めます。国王自身もノストラダムスに会ったものの、彼は真剣に取りあいませんでした。

そして、その予言が的中してしまうのです。それは1559年、あろうことか国王

夫妻の娘の結婚を祝うための騎馬槍試合でのことでした。

当時40歳のアンリ2世は、自分はまだまだ現役だとアピールしたかったのでしょう、奮戦を重ねます。しかし国王より7歳（あるいは11歳とも）年下のモンゴメリ伯爵ガブリエル・ド・ロルジュが手加減を忘れたのか、それとも純粋にうっかりしたのか、**彼の槍は国王の右眼から脳にかけてを貫いてしまいました。**当然、国王は危篤《きとく》に陥ります。当時の医学では、もはや手のほどこしようもない状態でした。

カトリーヌは嘆き悲しみ、アンリ2世をなんとか助けようとします。しかしヘタに延命処置を受けたことは、国王にとっては断末魔の苦しみの時間が長くなっただけでした。数日後には、医師団の必死の治療も虚しく、世を去ります。

ノストラダムスは……というと、国王の死により王太后となったカトリーヌから恨まれるどころか、逆に熱い支持を得ました。普通なら王家に悪い予言をすると罰せられることもあったのですが、ノストラダムスの場合は違いました。カトリーヌの息子や娘たちの鑑定を依頼され、１５６４年には**「国王付医師」**の称号をも手に入れます。

カトリーヌ・ド・メディシスの息子たちは、成人しただけでも3人いましたから、そのうちの誰かに国王の位は受け継がれるものだと人々は考えていました。

カトリーヌの息子たちを鑑定したノストラダムスは**「お子様たちはみな王様になられます」**とだけ告げました。

しかし、この言葉は、近い将来、現在の王家の支配は終わるということも予言していたのです。**「カトリーヌの息子たちは全員、国王に即位していくが、それは全員が若くして死んでいくから」**というのがノストラダムスの真意でしたから。

1564年、カトリーヌ・ド・メディシスとその息子シャルル9世の面会に同行していたノストラダムスは、取り巻きの中にいた11歳の貴族の少年をひと目見て「何か」を感じとります。

ノストラダムスは、彼の起床に立ち会わせてくれと頼みました。朝、従者たちによって寝間着をはぎとられた少年の身体を観察したノストラダムスは、**「彼が将来国王になる」**となぜか確信。ちなみに、ホクロの付き方がその決め手だったそうですが、この予言も当たりました。少年は後にアンリ4世として即位、フランス王家はブルボン家に変わります。

ノストラダムスの予言の精度の高さは、彼自身の生きた時代に限定されたものだったのでしょうか？　現代人のわれわれにとっては、そのほうが逆に幸せという気がします。

「ルイ15世暗殺未遂事件」の犯人が味わった、おぞましい処刑

ヨーロッパには処刑執行人という、殺人を生業《なりわい》とする人物がいました。殺人を法律で許され、そのための特殊技能を身につけた、いわば「殺人職人」です。

処刑執行人となるための公的な資格などは一切存在せず、数奇な運命の結果、国家によって「おまえとその子孫に任せる」……とばかりに選ばれてしまった一族の男性たちによって、その地位は継承され続けました。

これからお話しする**フランスでもっとも有名な処刑執行人一族・サンソン家などは約200年にわたり、処刑執行という働きで王家に奉仕し続けました。**

ある時期のサンソン家の当主は「ムッシュー・ド・パリ」とまるで貴族のように呼ばれ、国家から支給される報酬は莫大、屋敷の中で大貴族のような暮らしをしていたともされます。

しかし、フランスでは処刑執行人の一族の名前は公表されており、家族ともどもその職業がゆえに恐れられ、差別の対象になっていました。

もちろん恋愛なども自由にはいきません。各地の同職の一族同士で結婚するしかありませんでした。処刑執行命令が出たとき以外は、公的にはまるで存在しないかのように扱われていたのです。

「フランスには、もっと凄まじい処刑がございます」

1757年、**ヴェルサイユ宮殿でロベール・フランソワ・ダミアンという青年が、時のフランス国王ルイ15世にナイフで斬りつける**という大事件を起こします。

ヴェルサイユでの王族の暮らしは、国民に開かれているべきとの発想がフランスでは強く、庶民ではあっても所定のお金を払い、それ相応の清潔な身なりをしていれば王家の人々の暮らしを間近に眺めることができたわけです。

ダミアンは、こうした王家と民衆の間に信頼関係あってこその慣習を悪用したのに加え、国王殺害はいくら未遂でも、決して許されざる重罪とみなされました。

事件を起こす前のダミアンは、地方で聖職者や上流夫人の下僕をして暮らしていましたが、ルイ15世のあまりの好色・浪費ぶりに「国王としての務めを真面目に果たしてほしい」との気持ちを伝えたくて斬りつけたとされます。殺すつもりはなかった……これがダミアンが一貫して、凄まじい「特別尋問」と呼ばれる拷問を受けた後に自供したすべてです。

ルイ15世はダミアンが処刑されることを前提に、「あまり苦しめるな」と注文を付けたそうですが……フランスの慣例では**国王を殺害した者には、もっとも恐ろしい処刑が科されるべき**という考えがありました。

ルイ15世の先祖にあたる、ブルボン朝創始者のフランス国王・アンリ4世が1610年に暴漢に襲われて殺された際、王妃マリー・ド・メディシスは憎しみのあまり「犯人の皮をはいで殺せ」と発言したところ、パリ高等法院が「それでは軽すぎます。フランスには、もっと凄まじい処刑がございます」と持ち出したのが、**「四つ裂きの刑」**なのでした。簡単にいうと、死刑囚の手足のそれぞれに荒馬を結びつけ、生きたまま身体を四つに引き裂いて殺す……というものです。

ルイ15世は実際には殺されておらず、軽傷にすぎませんでしたが、パリ高等法院は「凶悪犯」ダミアンにふさわしい処刑として「四つ裂きの刑」を宣言します。そうなると処刑執行人は大変です。この刑はアンリ4世殺害犯が処刑された後、約1世紀以上もの間行なわれていなかったにもかかわらず、それをミスなく実行することが求められるわけですから。

「判決通り」の処刑手順を、厳守しなければならなかった

このとき、ダミアンの処刑を担当することになったのが、フランスを代表する処刑執行人一族・サンソン家の2人の男性でした。ニコラ・ガブリエル・サンソンと、その甥《おい》にあたるシャルル＝アンリ・サンソン（当時のムッシュー・ド・パリ）ですが、後者はこのときまだ19歳の青年でした。ほかに何人かの「助手」も選出されました。

しかし、四つ裂きの刑を成功させるのにもっとも必要な要素は、人よりも馬です。高価な馬もすべて、国家の支給などではなく、処刑執行人が与えられる報酬の中から工面せねばならず、なかなかの出費となりました。

また実際に、馬にダミアンの四肢を引きちぎらせるという最終段階にいたるまで、パリ高等法院の判事たちによる判決通りに**「ナイフを握り、君主を殺そうとした（ダミアンの）右手は硫黄《いおう》の火で焼くこと」**など事細かに規定された、処刑のメニューを

こなさねばならず、これが一大事でした。

いくら殺人職人こと処刑執行人のサンソン家の男とて「人の子」ですから、心からは血を流し、耐えがたい苦痛にさいなまれたのは間違いありません……。


さて、ようやく処刑が最終段階に達し、ダミアンに次々と加えられる残虐な仕打ちに4000人もの群衆は興奮したり（その場にいた、伝説の色事師・カサノヴァの証言によるとそのままセックスにもつれ込むカップルたちもいた）、気分を悪くして倒れたりしていたところに、ようやく馬が登場します。

ところが……高等法院による処刑レシピには致命的なミスがありました。いくら力の強い馬に引っぱらせたところで、人間の身体はとても頑丈にできていますから、簡単にはちぎれなかったのですね。

馬に引っぱらせて、手足がちぎれるようにするためには、事前に手足のスジをちゃんと切断しておく下ごしらえが必要……などと書くと、まるで料理のようです。実際、ダミアンの手足はビヨーンとゴムのように伸び続けるだけで、4頭の馬は引っぱるのに疲れて倒れてしまうほどでした。

しかし、あくまで判例に書いてある通りにしか、処刑者を扱わない（扱えない）のが処刑執行人のお仕事なのでした。とうとうシャルル＝アンリ・サンソンは監修の外科医に「手足の太いスジを取り除く許可を得てくれ」、と高等法院までお使いに行かせる始末となりました。

人間を殺すための技術や知識をもつ**処刑執行人は、人体の構造に普通の医師以上に通じており、医療行為も行なっていた**のです。それだけ知っているなら、最初から許可を得ていればいいのに……と思ってしまうのですが、処刑人の身分は低く、えらい人の判断に堂々と物言いができないのですね。

シャルル＝アンリ・サンソンの提案は高等法院に受理され、ようやく足1本を残してダミアンの手足はちぎれました。それでも驚くべきことにダミアンにはまだ意識があり、何かしゃべろうとすらしていたそうですよ……。

処刑執行人サンソンは革命期を「ギロチン」の傍で送る——

高等法院の判決では、手足が引きちぎれたダミアンは、生きたまま（ココが重要）、灰になるまで燃やさねばならないことになっているので、急いでサンソン家の男たちの手で火刑台に連れていかれました。当時、薪の値段は大変高価だったのですが、ダミアンを灰になるまで焼くには「荷車7杯の薪」が必要だったそうです。

これだけの精神的・物質的犠牲を払いながらも、ダミアンを文字通りズバッと処刑できなかった不手際を責められてニコラ・ガブリエル・サンソンは引退、シャルル＝アンリ・サンソンは投獄を経験させられるのでした。

さらにシャルル＝アンリ・サンソンはフランス革命期まで不幸にも生き延び、敬愛してやまなかったフランス王家の人々や貴族たちまでを、自らの手でギロチンにかけ、処刑する運命を引き受けることになってしまったのでした。

ナポレオン、ヒトラーも狂わされた「聖遺物」の真実

カトリックでは、キリストや聖人に由来する遺物を**「聖遺物」**として、大切に保管し、崇敬の対象にしています。

たとえば、キリストが磔にされた際の〝十字架の一部〟だと語り継がれている木片は、世界各地に存在しています。一説には、その木片をすべて合わせると、十字架にして何本分にもなるとか……。

あまりに由来の怪しげなものも多い「聖遺物」ですが、奇跡を起こすと強く信じられ、天文学的な高値で取り引きされたので、コレクションに狂う王侯が現われると、その国が滅びるとすらいわれました。

しかし、実際に歴史を左右するだけのパワーをもつ聖遺物も存在しました。

それが、**十字架上のキリストの右脇腹を突き刺したという伝説の聖槍《せいそう》**です。処刑担

当の兵士の名をとって「ロンギヌスの槍」とも呼ばれます。

聖槍やそれ以外の第一級の聖遺物コレクションは「帝国宝物」と名づけられ、「神聖ローマ帝国」の皇帝たちに受け継がれていきました。

ちなみに「神聖ローマ帝国」が「神聖」なのは、初代皇帝オットー1世自身が列聖されているだけでなく、日本の皇室における三種の神器のような存在として、例の聖槍を含む「帝国宝物」が脈々と受け継がれたからです。

その槍を手にした権力者を待つ〝栄光〟と〝凋落〟

神聖ローマ帝国の歴代皇帝たちに強い霊力を与えていたとされる、この聖槍。神聖ローマ帝国樹立以前には8世紀、ヨーロッパを席巻したカール大帝（シャルル・マーニュ）によって所蔵され、その霊力もあってカールは歴戦連勝の勇者でした。
ところが**うっかり、戦場で聖槍を落としてしまった直後、カールは死んでしまうことになった**とか。ほかにも1189年の第3次十字軍でイスラム教徒相手に奮戦するも、カール大帝と同じように槍を粗略に扱い、その翌年に死んでしまったフリードリッヒ1世などがいます。

彼らの死は、**一時的には栄光を得ても、その後、自滅するように聖槍によって運命づけられていた**ような気がします。聖槍の持ち主にふさわしくない者が不注意に所有してしまえば、とくに……。

前述の通り、槍の所有権は後年、神聖ローマ帝国の歴代皇帝に移りますが、戦場には持ち出されたりせず、中世の神聖ローマ帝国ゆかりのドイツ・ニュルンベルクの宝物庫に、大事に保管されるようになりました。

この時代の聖槍はおおむね「呪い」もせず、大人しくしていたようです。

そして19世紀初頭、**ナポレオン・ボナパルトがこの聖槍に強い関心を示していると**

聞くと、神聖ローマ帝国の帝位を世襲していたハプスブルク家は、ニュルンベルクからウィーンの王宮（ホーフブルク宮殿）に宝物群を移し、難を逃れました。

聖槍を含む「帝国宝物」を「手元」に所持する者となったハプスブルク家ですが、その直後、１８０６年に神聖ローマ帝国がナポレオンに取り潰されてしまい、皇帝の座を失ってしまいます。その後、ハプスブルク家は「オーストリア帝国」などの皇帝であり続けましたが、１９１９年にはその帝位すら革命によって奪われてしまったのでした。

聖槍を次に自分のものとしようとしたのは、あのヒトラーです。彼の手によって帝国宝物はオーストリアのウィーンから「奪還」され、ドイツ国内に戻されました。しかし１９４５年、ヒトラーは自殺。

ハプスブルク家、ヒトラーともども、**聖槍から「自分の所持者にふさわしくない」と判断されてしまった**のでしょうか……。

戦後、聖槍を含む帝国宝物はヒトラーが隠していたものも含め、アメリカ軍によってニュルンベルクで発見され、一時期はアメリカに渡っていたもののオーストリア政府に所有権が移り、現在はホーフブルク宮殿の宝物館に安置されているとのことです。

4章

無知にして残酷……「民衆」のもつ力

――人は集団になるほど、過激になっていく

「貞操帯」――〝女性〟に鍵をかけることはできるか？

男性がいくら威張っていても、子どもを産むことだけは女性にしかできません。男尊女卑傾向の強い社会でも、妻あるいは母として存在を認められ、男性陣に大きな影響力を持つ女性たちはそれなりに多くいました。

生まれや身分を問わず、女性の「仕事」は男性と結婚し、家庭生活を問題なくこなしていくことだと考えられていた時代、優秀な子どもを産んだ女性の地位は絶大なものとなりました。

その一方で、妻の妊娠を恐れる夫たちもいました。たとえば夫が長く家を留守にしている間に、浮気をされるのではないかという心配です。

自分の血を引かない子どもを気づかずに跡継ぎにしてしまったら、という恐れは根源的なものらしく、たとえば**ヨーロッパでは長期間、家を留守にする男性がまるで戸締まりをするように、女性のアソコに鍵をかけて出て行く**というようなことが実際にあったのです。そのための器具を「**貞操帯**《ていそうたい》」といいます。十字軍などで中世のヨーロッパから血気さかんな男たちがごっそりと消えていなくなった時代、心配性の夫が妻に貞操帯の着用を義務づけることがありました。

短時間の着用ならともかく、性器周辺の洗浄にも支障が出ますから、衛生的な問題がある器具です。貞操帯を妻につけたがるという発想自体に、男性の女性の身体への無知、あるいはそこまでしてでも、とにかく妻の浮気を食い止めたかったのだという強いメッセージが込められているようです。

オーダーメイドで貞操帯を作るのは錠前屋の職人ですが、**妻が夫を送り出した後に、その妻からオーダーを受けて、貞操帯の〝合い鍵〟を売る**のも重要な仕事のひとつでした。結局、職人が金銭的に潤《うるお》う以外、なんの意味もない代物だったわけです。

「女の悪知恵を封じることのできる鍵などありません」

1540年頃のドイツで刷られた版画によると、金属製の貞操帯をパンティのように穿《は》かされた全裸の女性を真ん中に、右に彼女の夫とおぼしき老人、左に彼女の本命の恋人とおぼしき壮年のシャレ者風の男性が描かれています。

老人のセリフは次のような内容です。

「私の財産をお前にやろう。私の望み通りにさせてくれるなら、カバンの金は持って行け。その鍵を外してやるぞ」

彼に対し、若い女は、

「女の悪知恵を封じることのできる鍵などありません。愛のゆらぐところに貞節は存在しないもの。**だから私が求めている鍵をあなた（＝老人）のお金で買いたいわ**」

と、心の声でしょうか、まったく悪びれずにそう答えています。

しかも、彼女の視線は老人ではなく、いかにも精力的に見える壮年男性の恋人のほうに向けられています。

壮年男性はこう言っています。「それ（＝女性の心）を開ける鍵を持っています。かなりの人にとっては悲しむべきことですが、本当に愚かなことです。本当の愛をお金で買おうとするなんて」

……と、金でしか女性の歓心《かんしん》を買えない老人を皮肉っているんですね。

貞操帯をつけた女性を、男２人が囲む状況を描いた版画

この版画はブラックジョークのようで、実際に世のご主人たちの恐れをえぐり出すような内容かもしれません。

１９９８年3月14日付のベルギーの新聞『De Morgen』には、父親が子どもと本当に血がつながっているのかをＤＮＡ検査したいという依頼が、年間２０００件以上も寄せられるゲント臨床遺伝学センターの報告が掲載されています。

その**依頼者のうち15％には「お子さんはご依頼者様の血を引いておられません」との結果が送付されたと**のことです。

妻の妊娠中に浮気してしまう夫は世界中にいるようですが、実は妻の浮気率も夫とほぼ同じ、（やはり）15％にのぼったという結果が、20世紀半ばのアメリカでのリサーチでも明らかになっています。

英王室が6世紀にもわたって見抜けなかった〝不義密通〟

実は……こうした残念な事実は、現代社会だけの問題ではなく、中世ヨーロッパの王家でも見られたらしいのです。

2012年、イギリス中部のレスターの駐車場で見つかった人骨は、DNA鑑定の結果、なんと15世紀のイギリス国王リチャード3世のものだったと判明しました（イギリスの科学誌『ネイチャー・コミュニケーションズ』に発表された論文による）。

そのDNA鑑定によって、**リチャード3世のDNAは、彼の父方の血……つまり歴代の英国王の血筋を引き継いでいなかった**ことが判明しました。

つまり、英国王室ではリチャード3世からさかのぼったどこかの時点で、実際には正式な嫡出子ではない人物が王位についていたらしいことがわかったのです。

要するに、王妃である女性が浮気して妊娠、その子を**夫の実子と偽って国王にしてしまっていた**という、怖ーい事実が、6世紀越しに判明してしまったのですね。

リチャード3世といえば、正統な王位継承者である甥を殺し、傍流から王位を得た悪人として、シェイクスピアの戯曲にも描かれました。史実でも1485年、反対勢力との抗争中に戦死し、丸裸にされた遺骸がさらされたという特異な人物です（だから遺骸が現在の駐車場で見つかったんですね）。英国史での〝悪役〟というイメージが強いため、今回の発表は実に興味深いものでした。

しかし本当にあっぱれなのは、息子を偽りの国王として王座につかせた母親です。遺伝子分析の技術がないにせよ、夫にも周囲にも疑われぬよう、「この子は正統な嫡男にして王位継承者よ」という演技を貫き通したことになりますからね。

こうなると、妻に貞操帯を付けてやりたくなった夫の気持ちも……わからないものではないかもしれません。

アソコを大きく見せたがった、貴族男性たちの「股袋」

世界史の中での男性のアソコ事情は……となると、女性の場合とくらべると比較的あっけらかんとしていました。

赤ちゃんのうちにペニスの包皮を切り取ってしまう「割礼《かつれい》」は、ユダヤ教や一部のキリスト教徒の間では、現在でも一般的なようですね。

しかし、現在の欧米文化の源流である古代ギリシャの美意識では、**「包茎こそが、最高に優美であり、露茎（平常時から亀頭が露出している）は野蛮人のペニス」**とされていました。そのためギリシャで異民族が描かれる場合、彼らの大半は露茎に描かれています（ちなみに東アジア圏でいうと、日本人成人男性の7割がいわゆる「包茎」だそうですが、日本や朝鮮にみられるような包茎拒否文化は中国にはないそうですよ）。

ミケランジェロの「ダヴィデ像」のペニスの背景

さて、紀元前1世紀にはローマ帝国が、ギリシャを含め、地中海エリアのほとんどを占領してしまう事態にいたりました。しかし**「ギリシャは、政治的にはローマに呑み込まれても、文化的にはローマを呑み込んだ」**とよくいわれますね。

つまり、包茎礼賛主義もギリシャからローマ帝国に引き継がれ、ローマ帝国の「子孫」にあたる現在のヨーロッパの国々の文化にも流れ込んでいるといえるのです。

いやはやなんだか壮大な話すぎますが、『ダヴィデ像』など、ルネサンス時代のミケランジェロの彫刻にも、堂々たるマッチョな体軀《たいく》には不似合いなくらいこぢんまりとした子どものようなペニスが付いているのは、ギリシャからのアソコに関する美意識が脈々とヨーロッパで受け継がれたからなんですね。

また、ローマ帝国はある時期から国教としてキリスト教を信奉するようになりましたが、キリスト教は誕生以来、ユダヤ教とは険悪でした。もともとユダヤ教の中からキリスト教は生まれたようなものなのですが……ペニスの皮への態度は、キリスト教とユダヤ教では正反対でした。

包茎礼賛のローマ帝国で信奉されたことも影響しているのか、キリスト教徒は男の子が生まれても割礼を施しません。逆に割礼が施されたペニスは、憎むべきユダヤ教徒のソレとして忌避《きひ》されるようになっていたのです。

ひと口に包茎といっても、その受け止め方の背後には、非常に深い歴史があるものです。

股間をアートのレベルにまで強調した「股袋」

さて、先ほどミケランジェロの名前が出ましたが、彼が生きていたルネサンス時代（14世紀〜16世紀）のヨーロッパを中心に猛威を振るった、メンズファッションムーブメントがその名も「股袋」です。簡単にいうと、股間の膨《ふく》らみをアートのレベルにまで強調した装いです。

アソコの上から、綿や羽毛、さらにはおがくずや藁《わら》などをギュウギュウに詰め込み、ここぞとばかりに目立たせたのです。

一体何のためなのか、機能的にはよくわからない股袋には、まさに「男の夢」が詰

められていたのでしょう。貴族の股袋は金糸で華麗に刺繍《ししゅう》され、さらに宝石なども付けられて、文字通り輝いていたのであります。

さらに我々を悶絶させるのは、この股袋が〝ポケットの代わり〟としても使われていたという事実ですね。鍵やハンカチ、リンゴやオレンジ、さらにはお菓子なども詰め込まれていたそうで、**ここから取り出した食べ物を他人に勧めることもマナー違反ではなかった**とのこと。

……そもそも身分を問わず、女性は長いスカートを穿いて足腰に浴びせられる視線をガードしていた時代、逆に足腰ふくめ、下半身の美しさで勝負していたのが男性なのでした。

ヨーロッパをはじめ、多くの女性が堂々と短いスカートから脚を覗かせるようになったのは、20世紀も半ばになってから。

それまでは、**「脚は男の命」**であり、その表われがヨーロッパの上流階級のファッションだったといえるかもしれません。

では、そもそもなぜ脚線美が女性のものではなく、男性美として捉《とら》えられていたのでしょうか。

中世以来のヨーロッパ社会では、「みだらなことは（とくに女性は）いけません」という、キリスト教由来の禁欲的な道徳観がとても根強いものになっていきます。欧米文化圏において女性の足腰とは女性器の周辺部分にあたり、20世紀半ばにバストにその地位を奪われるまで、セクシーゾーンを代表するパーツだったのです。

一方、男性こそ下半身で勝負するべき……という発想が強く、先ほど触れたミケランジェロのダヴィデ像も下から見上げることで、発達した脚の筋肉の美しさが際立つ作りになっています。

ちょうど現代の女性が胸にパッドを入れるのと同じ理屈かもしれませんが、ツメモノを股間に入れる「股袋」は、「男の美は下半身に宿る」という美意識がグロテスクなまでに強調されたものだったといえます。

股袋の全盛期を生きたシェイクスピアは『ヴェローナの二紳士』という作品で、ジュリアという少女が、少年に変装するシーンを描いています。**「男装するなら股袋のついたズボンにするべきだ」**と言われたジュリアは、**「いやらしい」**と恥ずかしがります。

いくら男性の夢として股袋が目立つように飾り付けられても、女性がそれを直視することは、避けるべき行為とされていたようです……。

「魔女狩り」……こんな女性が魔女に仕立て上げられた

かつて日本では、災害や病気の大流行などの不都合な事件が起きると、朝廷の先導で年号が変えられました。そうすることで一種の〝厄払い〟になることを期待したわけですね。一方、**ヨーロッパではそのようなとき、人が処刑されていました。**

中世ヨーロッパではペストや天然痘《てんねんとう》など、致死率の高い疫病がたびたび大流行しており、そのたびに大量に死人が出ています。天候不順で凶作になると、これまた餓死者が大量に出てしまいます。

昨日まで生きていた隣人や家族が、突然絶命し、冷たくなってしまう現実に「なぜ？」と問いかけたくなるのは当然です。死の恐怖と向かい合わせの人生に、人々は「なぜ？」という疑問符を連発していたことでしょう。

しかし「病原性の細菌が病気を引き起こす」という考えがドイツのロベルト・コッ

ホ博士らによって提示され、それが世間にも受け入れられたのは、19世紀も半ばを過ぎてからのこと。

科学のレベルがそこまで高くなかったそれ以前の時代、人々を納得させるのが宗教の役割でした。

悪魔と契約、もしくは悪魔とセックスして恐ろしい力を得た「魔女」や、キリストの教えを正しく信仰していない「異端者」がコミュニティにまぎれ込んでいるから、天罰としてこんな災害が起きた……彼らは無理やりにでもこのように論理づけようとしたのです。

その結果、主にコミュニティの嫌われ者がスケープゴート（生贄《いけにえ》）とされ、合法的に抹殺されていきました。思えば空恐ろしいことではありませんか。

こうして15世紀から18世紀にかけ、ヨーロッパ各地で猛威を振るったのが魔女狩りという一大ムーブメントでした。

一般的には１５８０年頃から１６５０年頃までが魔女狩りの最流行期とされています。興味深いのは、魔女狩りでの処刑者数を多く出した国ほど、16世紀にピークをむかえる「宗教改革」の際に、カトリックを辞めてプロテスタントに改宗する人々を多く輩出しているという事実です。

これは、魔女狩りを行なうようなカトリックの信仰では、人は救われたりしない……ということに気付いてしまった結果ではないでしょうか。

なんでもないホクロすら「魔女のしるし」と見なされる

さて筆者の手元には、1630年代後半のドイツのジークブルクという地方都市における処刑者リストがあります。この時代のドイツでは、2000人あたり約3人が魔女として処刑されたという統計があります。

ジークブルクは二つの大都市ケルンとボンの間に位置する、いわば衛星都市ですね。昔も今も、大きな道路が近くを走っている以外、何の変哲もない田舎町なのですが、ここでも年に何人もの魔女が発見され、処刑されてしまっていたのです。

リストによると1636年7月24日、クニグンデ・モイラーという女性が逮捕されています。魔女逮捕までには「アイツは魔女だ」という密告（告訴）を受けた当局が、調査（予審）をしてはいます。しかしこのとき、逮捕の決め手となったのは彼女が**「聖書をもっていなかった」**という理由です。熱心なキリスト教徒とはいえないのかもしれませんが、それだけで彼女は投獄されたのです。

さらに、尋問という名の苛烈な拷問《ごうもん》を受け、約2カ月後の9月16日にはもう処刑されてしまいました。要するに、世間に対して「これで悪の芽は摘んだからもう大丈夫」と、安心させたいからこそのスピード判決なのですよ。

ドイツに限らず、魔女の尋問にはマニュアルがあります。この尋問の流れの中で「私は魔女です」という自白がすんなりとれても、とれなくても、拷問にはかけられます。

あるいは自白の前に**身体の中にあるという「魔女のしるし」**が検査されることもあります。たとえば、ある種のホクロなども魔女のしるしだとみなされ、魔女のしるしは痛みを感じないと考えられていたため、身体中のホクロを針で突き刺して検査されました。

しるしがあってもなくても、やはり拷問を受けることになります。なぜなら魔女は悪魔と契約した超能力の持ち主ですから、悪魔によって刻み込まれた魔女のしるしを、出したり引っ込めたりできると考えられたからです。

さらに魔女と目される女性を水に突き落とし、浮かんできたら「これは魔女だ！」

と判別する……という方法もありました。「魔女は水をはじくから」だそうですが、基本的には人間は水に浮かびます。万が一、水に沈んで浮いてこなかったら、それは溺死です。もはや**魔女として訴えられ、逮捕された時点でどうやったらラクに死ねるかを考えるしかない**わけです。

その後、家宅捜索が行なわれ、呪術の痕跡《こんせき》と見なされるものがほぼ確実に発見され（決めつけられ）、余罪の追及がなされ、裁判所で死刑（通常は火あぶり）が宣告され、つつがなく執行……という手筈《てはず》で、驚くべきなめらかさをもって処刑まで一連の工程が進んでいくのです。

魔女として処刑されたのは50代〜60代という当時では老年の、おそらくは孤立気味の女性が多かったそうです。犠牲にされたのは、自分の世界にこもり、社会の輪に入っていけないタイプの女性だったのかもしれませんね。

1636年という時代についてですが、当時のドイツ社会は、ドイツ三十年戦争の後期をむかえ、疲弊《ひへい》が隠せなくなっていました。さらにこの頃、スウェーデンなどの外国軍がドイツへの侵攻を進めてきており、「いったい世の中はどうなってしまうんだ！」と庶民の間に不安が広がっていたはずです。まさに「魔女がいるせいだ」と、オカルト的発想に頼りたくなってしまった時期かもしれません。

「拷問は無実の者たちを危険にさらし我々ドイツを魔女と未曾有の犯罪で満たしてしまうもの以外の何ものでもない」……ケルンやその周辺で活動していた、ドイツのイエズス会に属するシュペー神父は、魔女裁判の危険性を1631年、著書『裁判官への警告』の中で訴えていました……。

匿名での告発ではありましたが、イエズス会内部の人物が魔女狩りの不当さを糾弾した事実は、世間を動かしはじめます。

シュペー神父の著作によると、魔女が次から次へと見つかっているのは、自分を魔女だと認めさせられた人に対し、**「お前の仲間はほかにもいるんだろう、〇〇という女について知っているか？」**という追及尋問があったからだとか。しかも「はい、あの女も魔女なんです」と彼女が公言するまで暴力が加えられるからです。

それだけしておいて、調書には「なんの強制的な尋問もなく、自発的に告白した」……などと嘘っぱちの記述が並ぶのですね。

教会が魔女裁判を具体的に改めたのは、シュペー神父の死後しばらく経ってから、トマジウスというキリスト法学者の熱心な訴えを受けてのことでした。

国王なら、触れるだけで病を治せる？「ロイヤル・タッチ」

厳格な身分社会が存在した時代、庶民にとって国王陛下ははるか遠くの存在でした。庶民は**「国王陛下には超自然的な力が備わっている。だから神聖なのだ」**と信じ込んでいたのです。それでは、国王は自分の神聖な力を、どうやって民衆に証明していたのでしょうか？

そのひとつが、国王が触れることで国民の病気を癒やすという「ロイヤル・タッチ」です。国王の人気がうなぎ登りになるか、失墜するかがかかっている重大な行事として、中世から近世にかけて、受け継がれてきました。そして文字通り、王と国民が「触れ合う」唯一の機会ですらありました。

現在では稀《まれ》な病気ですが、かつて「瘰癧《るいれき》」と呼ばれる疾患がありました。首のリンパ節に結核菌が入り込み、コブが次々とでき、放置すればひどく腫《は》れ上がって患部が崩れだして痛み、その傷口から悪臭が発せられる……というつらい病気でした。顔がゆがんでしまうこともありました。

抗生物質がない時代、そんな瘰癧の治療ができるのは国王だけ、とされていたのです。それゆえ瘰癧は「王の悪疾《あくしつ》」などとすら呼ばれていたのです。

イギリスやフランスではとくに盛んに「王の悪疾」を治療するイベントが開催され、両国王はお互いをライバル視するほどに「ロイヤル・タッチ」の霊力は大きな話題となりました。国王は平然と、患者の恐ろしい患部を撫でさすらねばなりませんでした。

次々と患者を癒やす〝究極のプラシーボ効果〟

死後、篤《あつ》い信仰心を評価され、聖人認定すら受けてしまったエドワード懺悔《ざんげ》王（在位1042－1066）以来、彼の霊力を受け継ぐ者こそが英国王であると主張するエドワード1世（在位1272－1307）の時代に、「ロイヤル・タッチ」のスタイルは確立したことがわかっています。

国王がカトリックから英国国教会に改宗してからは、**「国王（女王）は神の一種である」と公然と主張され、「ロイヤル・タッチ」もその宣伝材料**として使われるようになりました。

歴代のイギリス国王のうち、もっとも多数の瘰癧の患者たちに触りまくったのは25年の在位中に**10万人の記録**を持つチャールズ2世（在位1660－1685）のようです。彼はカトリックに秘密改宗してしまっていましたが、彼の手で触ってもらった患者は奇跡的な治癒率を誇ったため、大変な人気がありました。究極のプラシーボ効果というべきでしょうか。

彼のロイヤル・タッチには、大量の患者が押し寄せました。**1年あたり4000人の患部を撫でさすらねばならなかった**というのも大変なことだと思いますよ……。

そのさまを、ジョン・イーヴリンという人物が次のように記録しています。

「陛下は宴会の間の上段に座り、医師たちが病人を王座に案内してやる（筆者註：王室からの下賜金目当てで、本当は病気ではない人々が紛れ込むのをふせぐために医師たちが控えていた）。

そこで病人たちがひざまづくと、王はただちに病人たちの顔や頬を両手でさすってやり、その度に一人の礼拝堂付きの牧師がしかつめらしい声で言う。

『**王は患部に手を触れ、治したもうた**』。

この言葉は一人一人個別にかけられる。全員触れ終わると元通りに皆が並ぶ。
そしてもう一人の礼拝堂付き牧師が天使の金貨（＝ソブリン金貨）を結びつけた白いリボンを腕にして、それを一つ一つ王に渡し、王は病人が通るたびそれらを彼らの首にかけてやる」

現代のアイドルの握手会みたいな光景ですが、こちらは奇跡を体感できるのでお得です。あまりに多くの患者が集まったときは、われ先にと彼らが国王の周辺に殺到、体力のない者が6～7人ほど踏み殺されてしまったことすらあるとか。
しかし支出もバカにならず、王室は毎年1万ポンド以上もの下賜金を用意しなくてはなりませんでした。

それでも4000人のうち何人かでも回復してくれれば、その家族にとっても良いことですし、国王にも支持は集まります。

ところが英国王室では、18世紀頃（1702－1714年のアン女王の治世）で「ロイヤル・タッチ」の伝統は終わってしまいました。民衆が王室に求めるのはもはや魔力ではなく、真のカリスマ性だったのです。

18世紀イギリスの歴史哲学者ヒュームは、

「（現在の）王室はもはやこれは大衆にさえも喜ばれず、知識のあるあらゆる人々の嘲笑のまなざしをえていることに気付いたのである」

と指摘しています。

フランシスコ・ザビエルの遺体は、「腐敗しなかった」？

カトリック教会で信者たちの尊敬を集めるのは、イエス・キリストや聖母マリアたちだけではありません。信者の模範として、生前の行ないの良さや、信仰心の篤さが死後に教会から正式に認められ、列聖された**「聖人」「聖女」**と呼ばれる存在がたくさんいるのです。

現在もその数は増加中で、３６５日すべてに、由来のある聖人・聖女が１日あたり複数名もいる状態です。

しかし、聖人になるには、**「奇跡を二つ以上起こしている」**などを含む難しい条件をクリアしなければなりません。ローマ教皇庁内には列聖省なる組織があり、数十年から数百年もかけて調査を行なうのですが……この中に遺体調査がありました。キリスト教では信仰上の理由で、遺体は土葬にしています。そして、ふつうの人間の遺体はキリスト教では3年で白骨化してしまうとされています。

しかし、なんらかの理由で腐らない遺体がありました。そしてこの**腐らない身体＝不朽体《ふきゅうたい》の持ち主であることは、聖人・聖女と認定されるための条件のひとつ**とされていたのです。超自然的現象とよばれるものですね。

死後62年を経ても、傷口から鮮血が！

なんらかの理由で死後も身体が腐敗しない人々は、本当にいました。たとえば1549年から1551年まで、日本で熱心に布教活動をしていたイエズス会のフランシスコ・ザビエルもそうです。日本を離れ中国に渡った直後の12月、ザビエルは病を得て亡くなりますが、早く白骨化させて故郷に持って帰りたいと思った関係者たちの手で石灰をかけられて埋葬されました。

しかし、**何カ月経ってもザビエルは腐らず、生きていたときとまったく同じ姿を保ちました。**

ザビエルの奇跡の遺体は、ポルトガル領だったインドのゴアにしばらく安置され、1554年3月には、興奮した熱狂的信者の女性に足の指2本を食いちぎられてしまうほどの人気を集めます。しかし1614年、ローマのイエズス会総会長の命令で右腕が切り離されてしまいます。その傷跡からは死後62年を経てもなお鮮血がほとばしり出たそうです……。かなりグロテスクな光景ですね。

切断された右腕は、日本とイタリアのローマの教会が大事に分け合いました。内臓なども次々と取り出され、細かく分割されて世界各地の教会にばらまかれました。17世紀末以降にはザビエルの遺体から水分が抜けてしまい、完全にミイラ化した状態となってしまっていますが、腐ってはおらず、現在でも10年に1回のペースで一般公開が続けられているのです……。

聖人の身体（聖骸）は一部分だけでも、信者を興奮させ、信仰を集めうる第一級の「聖遺物」であるという考え方がカトリックにはあります。

こうした聖遺物には、霊力が期待されました。聖遺物が聖人のかわりに奇跡をどんどん起こしてくれると考えられたのです。その近くにいけば、病気が治るとかそういう類の奇跡ですね。

しかし、「奇跡」とされながらもホラーと紙一重の出来事が、聖骸あるいは聖遺物の近くで起きることがありました。

トレド大司教イルデフォンソという聖職者（在職657－667年）が、聖女レオカディアの聖遺物が納められた墓に礼拝していたところ……**聖女の霊体が墓から立ち上がって現われ、大司教を抱擁した**そうです（聖女レオカディアはローマ帝国でキリスト教が国教となる前の4世紀初頭、ディオクレティアヌス帝によるキリスト教迫害で殉教した少女）。

しかし大司教はまったく驚きもせず、聖女を自分に抱きつかせたまま、助手にナイフをとりに行かせます。聖女の霊体が元の位置に戻るまで、なんらかの形で「奇跡」の証拠を残そうとしたらしいのですが……**彼女のヴェールの一部を切り取れただけだった**とのことでした。

ちなみに身体が腐らないという現象は、生前の行ないの悪い人の遺体に起きることもありました。これは悪魔が取り憑いている証だと考えられたそうで、その場合は遺体が腐るようにとエクソシスト（悪魔払い）による祈禱を行なったとのことです。それでも順調に腐敗しない場合は、苛性《かせい》ソーダなどがかけられ、白骨化するまで溶かされてしまったそうです。

「ハーメルンの笛吹き男」の正体は、何者だったのか？

グリム童話などで有名な「ハーメルンの笛吹き男」は、13世紀末に起きた「実話」でした。

「キリスト生誕後の1284年に　ハーメルンの町から連れ去られたそれは当市生まれの130人の子どもたち笛吹き男に導かれ、コッペン（という丘）で消え失せた（ハーメルン市参事会堂に刻まれた文より）」

この事件についての最古の記録は、ハーメルンのマルクト教会に1300年頃設置された高さ6メートル、幅3メートルのステンドグラスに刻まれた短文だったそうです。しかしその文字は時の経過とともに傷んでしまい、17世紀の時点で、すでに解読不可能なものになっていました。その内容は以下のような奇怪なものだったということです。

「ヨハネとパウロの日（すなわち6月26日）に、ハーメルン市内で130人の者がカルワリオ山の方向（すなわち東方）へ向かい、引率者のもとで多くの危険を冒してコッペンまで連れてゆかれ、そこで消え失せた（以上の引用部は『ハーメルンの笛吹き男――伝説とその世界』阿部謹也氏の訳を参照）」

ハーメルンから消えた子どもたちの年齢は推察できます。グリム童話などでは「4歳以上」とされていますが、実際はもっと年上だったのではないでしょうか。

たとえばフランスの中世・近世社会の家族像について著書のあるフィリップ・アリエスは『〈教育〉の誕生』で次のように書いています。

「古い（時代の）家族は多産であり、子どもは少なくともそのごく幼い時期には、育てるに値しないものであった。（略）その数をかぞえる余地などなかった」

現代人には驚きのクールさですが、当時の平均寿命が低いのは幼くして死ぬ子どもたちが多かったからです。成長できるかは、賭けのようなものだったのでしょう。

「130人の子ども」とは、当時の成人年齢である15歳程度には達していたのではな

いかと思われます。そしてそれなりに重要視されていた、目のかけられていた子どもたちばかりだったと思われます。
当時のハーメルンは小都市が林立するドイツの中でも、かなりひっそりとした町だったそうで、働き手の人口は概算で2000人程度。そのうち130人の子どもたちが突然いなくなったとするなら、かなりの影響が出たと想像されます。

病気？　東方移民？　少年十字軍？

子どもたちの失踪《しっそう》理由で有力なのは、次の三つだとされています。
①130人もの子どもたちが**ペストなどの病気**でいっせいに死んでしまったという説。

②**東ヨーロッパ（ポーランド、ルーマニアなど）の土地を開墾《かいこん》するための東方移民が**オランダやドイツ各地から求められていたので、ハーメルンの若者たちもリクルートされて移住していったという説。

③神の奇跡を経験したカリスマ的な統率者に率いられ、子どもたちが**少年十字軍の兵士**となるべく、聖地エルサレムを目指して歩き出したという説。

①は破綻がなく、定番のような気はしますが、決め手に欠けています。なぜ子どもたちだけが、それも130人も一気に命を落としたのか説明ができていません。

②に関しては、貧困層の子どもたちが「新天地で成功すれば人並みの生活ができる」と勧誘されたところで、本当に130人も集まるかどうかが怪しいのと（この手のリクルーターがやってくることはあったが、せいぜい数十名集まれば良いところだった）、その後、誰ひとりハーメルンに何の連絡もよこしていないのが不自然です。厳しい環境での労働にせよ、130人も全滅するはずはないでしょう。

③の少年十字軍説ですが……17世紀ドイツの哲学者ライプニッツもこの説を唱えています。ライプニッツのメモによると「**1212年に（フランス・オルレアン地方や、ドイツ・ケルン地方の10代を中心とした）子どもたちが大勢でパレスティナに出かけ**

て行ったのは2人の聖職者の甘言と見せかけの奇跡によって」であり、「エルサレムは（略）野蛮人から（その十字軍によって）解放されるのだと説得されたためである」……とのことです。

ライプニッツはハーメルンの事件が1284年ではなく、本当は1212年頃に起きたのだと考えたそうです。

この1212年の少年十字軍参加者の大半は**「サラセン人（イスラム教徒の意）に売られるか、海に投げ出された」**など、悲惨な末路をたどりました。

故郷に戻ったのはごく少数で、どうして出かけたりしたのかと聞かれても、「今となってはわからない」と言うだけでした。

たしかに当時の庶民には手軽な娯楽もなく、退屈な日常生活でしょうから、情熱を掻き立てられる何かに遭遇すると、とくに子どもなどは、ふらふらっと誘い合って集団でいなくなるということもありえたのでしょう。このような事件は本当にあるにはありましたが……ライプニッツの推理では、年号を恣《し》意的に操作しているのがいただけません。

「笛吹き男」は、王侯貴族に雇われていた？

筆者がもっとも起こりえそうだなぁと思えるのは、子どもたちをそそのかす者＝**笛吹き男はどこかの王侯貴族によって、なんらかの目的で、子どもを大量に調達するよう、雇われていた**のではないかということです。

たとえば、ドイツ出身でありながらイタリアでの暮らしに重きを置いていた変わり者の神聖ローマ皇帝に、フリードリヒ2世（1194－1250）という人がいます。

知的好奇心の塊《かたまり》で、多言語にも通じたフリードリヒ2世は、**「生まれたばかりの赤ん坊たちに、もし一切話しかけなければ何語を話すようになるのか」**と疑問に感じて実験させてみたところ、赤ん坊は全員死んでしまったそうです。

これを書き記したのは、フリードリヒに敵対する聖職者だったので、本当にあったことかはわかりませんが……。このような酷《ひど》い結末になったところで、フリードリヒが逮捕されるようなことはありえません。王侯貴族と庶民では、前者が圧倒的に強かった時代ですから。

1300年頃からはヨーロッパ中で、教皇の権威が目に見えて低下しはじめたと言われています。ハーメルンで子どもたちが失踪したのはその直前です。

何を言いたいかというと、**それまで宗教的タブーとされた人体実験の類も、貴族のお城の中では極秘裏に可能になる場合も多々ありえた**だろうということです。

貧しいけれど、見込みのありそうな子どもたち130人が、どこかの変わった王様、貴族様のもとに連れて行かれ、そのまま二度と戻らなかった（だからその後、なんの音沙汰もなかった）……という推察がいちばんありえる気がするのです。

マキャヴェリの『君主論』では、**「悪いことは一気にしろ」**という言葉があります。さまざまな街で子どもを調達するよりも、ハーメルンだけでまとめたほうが足がつきにくいとでも思ったのでしょうか……。結局すべては謎のまま、本当に後味の悪い、恐ろしい事件ですね。

5章

「女」ほど、怖い生き物はない

――その愛、その情熱、その凄まじい執念

ポンパドゥール夫人が運営した娼館「鹿の園」の全貌

愛人としてのスキルひとつで、平民の生まれから貴族にまで出世したポンパドゥール侯爵夫人こそは、究極の〝勝ち組の女〟といえるでしょう。彼女の貴族としての爵位名と本名は別にあるのですが、本稿ではポンパドゥールと呼ぶことにします。

ポンパドゥールを栄光の高みにまで引き上げたのは、当時のフランス国王ルイ15世です。若い頃からハンサムで、**「最愛王」**……つまりもっとも愛し、愛された王というあだ名で呼ばれた彼は、ベッドの中でも情熱的でした。もちろん、若き日から晩年にいたるまで、彼の性への情熱は変わりませんでした。

ルイ15世はあまりに精力が強く、結婚当初はアツアツだった王妃マリー・レグザンスカに約11年のうちに10人も出産させた後にあきれられ、「もうこれ以上、妊娠・出産はできないから、セックスはヨソでしてきて」と宣言されてしまいます。

それ以来、国王は誰かを好きになったら、その女性とひたすらセックスして、結果、女性が消耗するか死ぬ（！）かしたら、また別の女性を探す……というサイクルで新たな愛人を作り続けるようになりました。

公式寵妃なのに「セックスが嫌い」だったポンパドゥール

ポンパドゥールを見初めた当時の国王は、筆頭愛人という意味の「公式寵妃《ちょうひ》」の位を与えていたシャトールー公爵夫人ことマリー・アンヌ・ド・マイイ＝ネールを、原因不明の突然死で失った後でした（彼女は社会的に成功していたので、反対派による毒殺で亡くなったのだという説もあります）。

とにかく1745年9月14日、ポンパドゥール侯爵夫人はあの手、この手で国王の興味を惹き、平民出身の女性としては初めて、国王の公式寵妃となったのです。

「私の時代が来た」と彼女は得意げに宣言しました。これまで貴族の女性で独占されていた国王の筆頭愛人の座に、平民から成り上がってついたわけですからね。

……しかし、ヴェルサイユでの暮らしは、早朝から深夜におよぶ過密スケジュールで、そんな中ですら彼女の肉体を頻繁かつ執拗に求めてくる国王との性生活は、かなりしんどいものでした。

さらに実は、ポンパドゥールは深刻な冷感症で、治療を受けた後もセックス自体が嫌いで苦手という体質は変わりませんでした。セックスが大好きな男に、セックスが大嫌いな女が「運命」を感じさせるのは、かなり大変な演技力と目的達成意識が必要だったと思います。

24歳頃から、こうしたタフな生活を続けねばならなかった彼女は、30歳を前に自分に限界が来ていることを悟ります。しかし、ここでこの生活を続けて倒れたりあきらめたりしてしまっては、これまでの愛人女性たちと同じです。

彼女は自分の教養や判断力、そして抜群の決断力が武器になると考え、国王の生活から政治にいたるまでのアドバイザーとしての地位を確固たるものにしようとします。

そこで、国王にプラトニックな関係になりたいと申し出て、その願いは叶えられました。ヴェルサイユ宮殿からも彼女は離れ、別の城館に住まうことになりました。

しかしポンパドゥールは国王の気持ちが自分から別の女に移ってしまうことを恐れ、**「自分の代わりに自分が見つくろった女たちと寝てほしい」**と提案します。

こうして国王の愛情のバロメーターであるセックスを拒否したポンパドゥールの権

冷感症だったポンパドゥール夫人

力維持のために、1751年頃からヴェルサイユ宮殿からほど近い地区に**「鹿の園」**が作られました。いわば**国王たった1人のための娼館**という、驚愕の発想による施設です。

「国王を歓ばせるため」の教育を受けた、何百人もの少女たち

鹿の園についてもっとも詳しく書き残しているのは、ポンパドゥールの死後、彼女の後任者となった（つまり、しばらく空位だった公式寵妃の座を得た）デュ・バリー伯爵夫人です。平民から色事の才能ひとつでルイ15世に気に入られて成り上がった女です。性に対して潔癖なマリー・アントワネットが嫌った女として有名ですね。

デュ・バリーの『回想録』によると、「（あなたも国王の愛人なら）ポンパドゥールのように鹿の園を運営してみせなさい」と国王側近から命令されたとき、鹿の園にかかる経費は年間40万～50万リーブルにも達していました。これはのちに批判の的になった、マリー・アントワネットの巨額の衣装代、年間25万リーブルを遥かに上回る額です（1リーブル＝現在の日本円で数千円程度）。

こぢんまりとした館で、指名された少女だけが少数の召し使いたちと国王を迎えるのが定番の「鹿の園の営業スタイル」だったようですが、それがなぜそこまで高くつくのかというと、指名外の少女たちが多数おり、別の館で暮らしながら国王のお呼びをずっと待っていたのです。

これら鹿の園が抱える少女たちは、下は9歳から18歳くらい。15歳くらいから国王の指名がかかるようになります。

彼女たちは内輪では「女生徒たち」と呼ばれ、館の頂点に君臨する「マダム」と呼ばれる貴族出身の女性監督の管理の下、**外界から隔絶された環境で、勉強や音楽、そして国王の性的な意味での歓《よろこ》ばせ方も学びます。**

デュ・バリーの証言によると、「マダム」や国王の侍従が、親元への多額の補償金と引き替えに、鹿の園に連れてきていたのは、貧しくも美しい処女たち。これは、国王が処女が好きだったためではありません。処女であれば、梅毒（性病）ではないだろうという大前提があるからなのです。とにかく国王は性病を恐れていました。

恐らく……ですが、ポンパドゥールの生前は彼女が「マダム」の役割を果たしていたのだと思われます。

国王が特定の少女にのめり込まないうちに、**少女たちは多額の持参金を持たされ、ときにはお腹の子どもごと「良家」に「マダム」の手で嫁がされていきました。**それは成績優秀だった少女のためのご褒美《ほうび》です。

もちろん、鹿の園で起こったことを外界で話すことは絶対に許されません。「知ってはいけないこと」を知りすぎたと判断された少女は、その後を修道院に幽閉されて暮らさねばならなかった……とデュ・バリーは書いています。

総計300人以上の少女たちが国王に性的に奉仕した結果、**生まれた国王の私生児は60人以上**にものぼりました。これらの「犠牲」が国王からの愛を維持し、ポンパドゥールの権力基盤を盤石にするための必要悪とされていたのは恐ろしいことです。

諸説ありますが、これらの仕組みを考えついたのは、ポンパドゥール自身だったろうと筆者は思います。「嫌がっていたのに国王が運営を強制した」とも「最初は嫌がったけれど、後には積極的になった」とも考えられますが。

ポンパドゥール侯爵夫人が生きたのはフランス・ロココ様式の最盛期であり、フランスは〝ヨーロッパでもっとも洗練されたオシャレな国〟というブランドを手に入れました。彼女はそのプロデューサーだったといえます。たしかに後世のフランスの栄光の礎を作った人生ではありました。

そんな彼女の栄光を支えた柱のひとつが、鹿の園で働いた何百名もの無名少女たちだったのです……。

度を超したモンスター・マザー、女帝マリア・テレジア

ウィーン中心部には、1918年までハプスブルク家の人々が暮らした王宮ことホーフブルク宮殿があり、その傍《かたわら》にカプツィーナ教会という比較的小さな建物があります。

実はこの教会には、外観以上に広い地下空間が広がっており、その床にはウィーン・ハプスブルク家の人々の、さまざまな棺桶がごろごろと転がっているのです。

そのほぼ真ん中、ひときわ豪華な飾りで区切られた一段と広いスペースに安置された巨大な棺に、ウィーン・ハプスブルク家最盛期を創り上げた、**「女帝」マリア・テレジア**が眠っています。

父・カール6世の一人娘だったがゆえに、「女帝」といわれるマリア・テレジアで

すが、実際に皇帝として即位していたのは夫のフランツ・シュテファンです。ハプスブルク家には、女性が皇帝になれる家法はなかったのです。実質的にはマリア・テレジアが政務を執り、身分だけ皇帝のフランツ・シュテファンは、側用人《そばようにん》のような扱いを受けてしまったようですね。

〝貞操を守れ〟と臣民に強制した、恐怖の「純潔協定」

マリア・テレジアの治世はすぐれた対外政策だけでなく、他国にくらべても50年〜100年以上早くに義務教育の実施や、公立病院の充実といった、良い内政を実施しています。思いつきではなく、信念を持って政策を進める力が彼女にはあったからです。

逆に酷い結果を招いたのが、**臣民全員に課された「純潔協定」と呼ばれる道徳ルール**の強制です。

いわば、「清く正しく生きなさい」というだけでなく、**男女ともに結婚前にセックスしてはダメ、浮気してもダメ、同性愛なんかもってのほか**……といったルールを守らせ、破った者にはかなりの罰を与えるという力ずくの施策でした。

「独身女性が複数男性と関係を持つこと」は、とくに禁じられていました。

おのれの厳しい貞操観念を臣民にも強制させるところが、この女帝の恐ろしさです。

娼婦を排除するも、すべてが裏目に出る……

さらに、マリア・テレジアが意欲的に取り組んだのが、梅毒の温床になっていた**売春業の撲滅**です。

これによって売春宿は閉鎖されましたが、そのニーズ自体は当然、存在し続けるわけです。そこで、見た目はメイドやお針子に化けた「元・娼婦」たちが、しつこく売春を続けました。

秘密警察が目を光らせてこの手の不正行為を見つけようと活動しており、もし捕まってしまった場合、娼婦は鞭《むち》打ちされたり、頭を剃《そ》られたりしました。もっとも軽い刑として科されたのが、道路掃除です。そのせいか、この時代のウィーンは糞尿のまじった泥だらけのパリなどにくらべ、非常に美しく清潔だと評判でした。

娼婦が「客に性病をうつした」と知れたときの罰則は、恐ろしいまでに過酷でした。逮捕された娼婦は、無惨に髪を刈られ、丸坊主にされた頭にはタールや樹脂が塗りたくられ、裸にされた上で麻袋に放り込まれたあげく、見せしめとして町中を引き回されました。その後は町外れでの鞭打ちの刑です。

娼婦とて好きで売春しているわけではないでしょうし、法律で禁止したからといって、ほかに生業を持たない女性たちが、娼婦稼業から足を洗えるわけでもないのに……。そうした事情はわからないフリをして、厳重な処分だけをするあたりが、マリア・テレジアの病的な一面を象徴しているようです。

一方で、娼婦だけでなく、娼婦を買った男性にも厳罰を科したのは、平等の観点からは良かったかもしれません。**娼婦と一緒にいるときに逮捕された男は、独身者ならその娼婦と強制結婚（！）**、妻帯者の場合は姦通《かんつう》罪で訴えられました。

しかしこの結果、結婚できない相手の子どもを妊娠してしまった女性たちは、堕胎や子殺しに走り、その数が急上昇します。

さらには、地下に潜った娼婦たちが、ろくに検査も受けないまま商売を続け、かえって性病を流行らせ……見た目の美しさとは裏腹に、ウィーンをはじめとするハプスブルク家統治下の大都市の内実は一気に腐敗してしまったのでした。マリア・テレジアの度を外れた潔癖性が、帝国の基盤を傾けていったのです。

マリア・テレジアの「潔癖すぎる貞操観念」はいつできあがったか

国民たちは**「女帝は夫のフランツ・シュテファンに浮気されすぎて狂った」**と批判しましたが、マリア・テレジアがヒステリックなまでに「純潔」にこだわるようになったのには、秘密の理由があったようです。

実は、**彼女の先祖が、愛妾《あいしょう》と浮気したときに梅毒をうつされ、ハプスブルクの血に先天性梅毒がまぎれ込んでしまった**……という説があります。

真偽は不明ですが、先天性梅毒にかかっていると、その子どもの死産率や、子が幼くして亡くなる確率が高くなるとされています。思えばマリア・テレジア自身が、父・カール6世の子の中で唯一「健康に」成人した娘だったのです……。

マリア・テレジアのように女性の場合、何回か妊娠をすることで、自身や子どもの先天性梅毒の症状は軽くなる可能性もありました。しかし彼女は、抗生物質が発見される前から、水銀を使った梅毒の治療に秀でていたスヴィーテン男爵という優秀なドクターにかかっていたそうです。

そのつらい治療のかいあってか、運良く健康を取り戻せたマリア・テレジアは、フランツ・シュテファンの浮気防止も兼ねて、16人もの子どもをもうけました。

娘に対する〝毒母〟すぎる仕打ち

しかし、梅毒の治療がはじまる前とおぼしいときに授かった、マリア・テレジアの一番最初の娘マリア・エリーザベトはわずか3歳で亡くなります。

次に授かった、次女のマリア・アンナは生まれつき容貌と健康に問題がありました。理系の学問に興味を示す聡明な女性ではありましたが、20歳前から、背骨が弓なりに曲がっていくという奇病に苦しみます。後には常に咳が出るようになっていました。

マリア・テレジアは、そんな娘の生きづらさなど、まったく考えようともせず、マリア・アンナを頭ごなしに叱りつけるばかりでした。

五女のエリーザベトは健康に生まれた美女だったので（このときまでにマリア・テレジアの梅毒治療は完了？）、期待をかけていたようですが……長じるとエリーザベトは天然痘にかかり、回復したものの容貌が醜くなりました。するとマリア・テレジアは手の平を返すように、彼女につらくあたるようになりました。

こうした2人の娘は、チェコのプラハにあった、貴族女性のための女学院に送られました。2人とも生涯を独身で過ごすことになりました。

マリア・テレジアにとっては、その娘に〝政略結婚の道具〟としての価値があるかどうかだけで、愛情を注ぐか、失敗作として遠ざけるかが決まったようですね。

可愛がられたほうの十一女マリー・アントワネットの精神的な不安定さも、マリア・テレジアという〝モンスター・マザー〟に育てられたことが一因ではないかと筆者には思えるのです。

ハプスブルクの偉大なる女帝は、家庭人としては、本当に〝毒母〟にすぎなかったのです。

夫の棺とともに荒野をさまよった、スペインの狂女王・ファナ

上流階級にありがちな政略結婚のその後は、まるで内戦のような日々となることがありました。その一例である、カスティーリャ王国（後にアラゴン王国と合併してスペイン王国の中核となった）の女王ファナと、その夫・フィリップのおどろおどろしい日々を見ていきましょう。

ファナは、**「狂女王ファナ」**という異名でも知られています。その狂気が生まれたのは、夫との愛憎生活ゆえだったのです。

イサベル1世（カスティーリャ女王）とフェルナンド2世（アラゴン王）夫婦の子として、１４７９年にファナは生まれました。ファナの両親にあたる2人の国王が恋愛して結婚、領土も合体してしまったのがスペイン王国のはじまりです。

ファナは後に縁あって名門ハプスブルク家の血を引く貴公子・フィリップと結婚することができました。ハプスブルク家が支配するフランドル地方は、すでに貿易で発展を遂げており、その宮廷文化は豊かでした。カスティーリャ王国の宮廷のように生真面目で、味気ない生活とはまったく違っていたのです。そして初めてフィリップに会った瞬間、ファナは激しい恋に落ちてしまうのでした。

美しくも傲慢な夫・フィリップとの〝愛のシーソーゲーム〟

フィリップは「美公」と呼ばれていました。フィリップもファナに最初は優しかったと思います。生真面目《きまじめ》だったファナですが、肖像画からはメランコリックな表情が美しい女性だったことが推察されるわけです。

しかし、美しい女性と見れば、既婚の貴婦人だろうが、使用人であろうが、誰でも口説くのが軽薄な色男・フィリップでした。2人は根本的に合わなかったのです。

しかもハプスブルク家の宮廷では〝よそ者〟のファナは、いじめに近い扱いを受けます。カスティーリャから連れてきた家臣たちと連絡をとることが許されず、ファナは孤立しました。さらにフィリップから、ファナに定期的に与えられると契約されていたお金もまったく支給されないのです。

豪華な生活を送っている者たちが集う宮廷で、ファアナだけが自分のために使える満足なお金もありません。つらい仕打ちを嘆きつつ、それでもファアナは耐えました。夫を愛していたからです。

しかしファアナの一途さは、フィリップには重さとしか感じられませんでした。腹を立てるとファアナに暴力を振るい、その後、ベッドで激しく抱いてから謝る……といった態度で接していたそうです。

我慢の連続の生活で、ファアナの神経はおかしな方向に研《と》ぎ澄まされていきます。**夫の愛人だと思い込んだ侍女を激しく問い詰めるだけでなく、その侍女のブロンドの髪をハサミでバッサリと切り落とした**こともありました。あまりのショックに泣いている侍女を、ファアナは笑いながら見下ろしていたそうです。

フィリップは妻の所業を聞くと激怒し、公衆の面前でファアナを「お前のような女とは二度と床をともにしない」と罵倒しましたが……その「誓い」は続きませんでした。フィリップとの生活の中で、ファアナは6人もの子どもを産んでいます。

ファナが「女王」の座につくと、2人の立場が逆転

　しかし、この夫婦の力関係が変わる瞬間が突然、訪れます。

　1504年**ファナの母・イサベル女王が亡くなり、その娘である彼女がカスティーリャの女王の位を継承することが決まった**からです。カスティーリャに戻るファナに、フィリップもついてきました。

　当時のフィリップはハプスブルク家内では地位が低く、自分に惚れている妻をそそのかし、カスティーリャの王位を奪い取ってやろうと考えていました。愛情を武器に、相手のあらゆる所有物を自分のものに名義替えしようと、必死で画策する……これが政略結婚したカップルの現実です。

　しかし、カスティーリャに戻ると女王ファナのほうが、完全に立場は上です。ファナは夫を国王にしてやりませんでした。共同統治という形にもしませんでした。

　もくろみの外れたフィリップは、ファナと自分は共同統治をしているのだ、自分は共同王だ……と自称するしかありません。政略結婚は本当に難しいですね。結婚生活は愛情の問題だけでなく、生家の誇りをかけ、必要あらば相手を屈服させ続けなくて

はならない日々であるわけですから。

そんな2人の関係にも、完全な終止符が打たれます。

フィリップが、突然亡くなったのです。

夫が「蘇る」ことを期待したファナは、棺とともに旅に出た

1506年9月の終わり頃、スペイン・バスク地方発祥のペロテというスポーツに興じていたフィリップは、冷たい水を所望、木陰でそれを飲み干しました。しかしフィリップはこのとき飲んだ水が腐っていたせいで体調を崩し、肺炎と思われる症状で息を引き取ってしまったのです（毒殺だったという説もあります）。

夫の死を知ったファナは、悲しみのあまり精神のバランスを崩しました。

女としてのファナの心には、まだ夫を愛する部分が強く残っていたのでしょうね。

嘆き悲しむファナに気休めでも言おうとしたのでしょうか。フランシスコ派の修道僧がこう語りかけてしまったのです。


「フィリップ様は、必ず復活なさいます。死者が蘇る前例もございます」

奇跡への期待は、絶望の淵に沈んだ者に生きる勇気を与えるものです。しかし、ありえるはずもない奇跡を強く望みすぎるとき、理性は壊れてしまいます。ファナの場合もそうでした。

ファナは夫の遺体とともに旅立ちました。夫が死んで初めて、彼を独占できたという実感があったのでしょうか。

夫の身体は黒檀《こくたん》の棺の中に納められ、黒檀の棺は黒檀で作られた漆黒の四輪馬車に乗せられ、漆黒の馬四頭が引いて走るのです。

この旅の表向きの目的は、夫の亡骸を彼女の母・イサベルも眠るグラナダの王墓に運ぶため……というものでした。しかし、その旅は3年にもおよびました。

当時のスペインは市街地以外、ほぼすべてが1本の木も草も生えていない、すさみきった荒れ野だらけでした。

そんな野原の真ん中で、ファナは日夜馬車を走らせ続けます。**フィリップが「今に蘇る」と信じるファナは、その気配を感じると、棺桶のフタを開けて、中を覗き込む**のでした。

美公とよばれたフィリップの身体は腐り、白骨化していきましたが……それでもファナはあきらめられなかったのです。

「狂気の女王」として46年間幽閉される

やがて3年が経過する頃、ファナはついにトルデシリャスの城塞内にある僧院に夫の棺桶を納めました。そしてその僧院に隣接された城館に入り、46年間、そこから出ることはありませんでした。狂気の女王として幽閉されたのです。

時々、正気を取り戻すだけで、ファナの人生は狂気の底に沈んでいました。彼女はもはや衣服など着替えず、ボロをまとい、失禁し、食事を含め生活時間の大半を床で寝転がったまま、過ごすだけでした。

ガラスもはまっていない、直に風の入ってくる独房のような部屋で46年間を過ごしたフアナは、それでも公式には退位を拒み、女王の位を子どもたちを含む誰にも譲ろうとはしませんでした。

愛したフィリップにすら差しだそうとしなかった女王の位は、彼女の存在証明のようなものだったのでしょうか。女としての幸せと、女王としての立場に引き裂かれてしまった彼女の人生は、76年もの長きにわたって続いてしまったのです。

ブラッディ・メアリーの業の深すぎる「想像妊娠」

歴史の中で長い間、高貴な女性の第一の仕事は「結婚」でした。しかし高貴であればあるほど、その結婚生活はシンプルなものではありえません。妊娠・出産することが女性に強く求められる社会において、その重圧は恐ろしいほどだったと想像されます。

イングランド女王**メアリー1世**は、1516年、ヘンリー8世の長女として生まれました。ヘンリー8世の最初の王妃キャサリン・オブ・アラゴン（前項の狂女王ファナの妹）が、なんと**6度目の妊娠の後、初めて死産でなく産んだ赤児が、メアリーだったのです。**

父王ヘンリー8世は、再婚して男児の世継ぎを誕生させたいがため、再婚を認めないカトリックの信仰を捨て、イングランドとローマ教皇庁との関係をも断絶させ、独自のキリスト教団体・英国国教会を設立するにいたります。

敬虔なカトリック教徒だった母、キャサリンの信仰を受け継いだメアリーにとって、父親は異端者。許せるわけもありません。

年頃になった娘・メアリーをどうするか。それは父・ヘンリー8世にとって頭の痛い問題でした。メアリーも同じく悩みます。

外国の高貴な殿方を次々と紹介されたメアリーですが、その中でも、**スペイン王家のフェリペ（後のフェリペ2世）**にご執心だったようです。

肖像画で見る限り、フェリペは男らしいクールな顔立ちの貴公子で、三白眼《さんぱくがん》の野心的な眼差しが印象的だったと思われます。しかも、フェリペはスペイン王家の出身であるだけでなく、ヨーロッパ第一の名門・ハプスブルク家のプリンスです。血筋は当時、最高の価値を持ちました。

自身は島国イングランドの王女どまり、それも父親からほぼ忘れられた王女のメアリーにとって、ハプスブルク家のプリンス・フェリペとの結婚によって得られる王妃の称号は、ノドから手が出るほどほしいものだったと思われます。

逆にハプスブルクのフェリペが、辺境の島国の王族の、しかも気の強さが顔に出ている、あかぬけない年上の女・メアリーと「結婚してやってもいいか」と思う理由は、メアリーが継承するであろう財産と地位でした。

英国中を血祭り状態にした「ブラッディー・メアリー」

メアリーには、フェリペを自分のおムコさんにするためには、乗り越えるべきハードルがいくつもありました。

まず、イングランド女王になって、主権と莫大な財産を手に入れること。

さらなる難題としては、父・ヘンリー8世の再婚問題でこじれたローマ教皇庁との関係を修復することもありました。

メアリー自身はカトリックの信仰を守っていましたが、彼女が結婚したいフェリペはスペイン王家の出身であり、当家は「カトリックの守護者」として内外に認められた存在でした。つまり、**彼の実家のブランド性を損なわないため、イングランドをカトリックを信仰する国に戻すことが大条件**だったのです。

彼女の弟・エドワード（エドワード6世）が、15歳の若さで病没すると、英国国教会の信者で女王に指名されたジェーン・グレイを廃位するべく、メアリーはイチかバチかの行動に出ます。支援者をつのり、クーデターに打って出たのです。

女王にまつりあげられたジェーン・グレイですが、その在位期間はメアリーのクーデター成功とともにわずか9日間で終わりました。**王座から転げ落ち、投獄された哀れなジェーン・グレイは、晴れて新女王となったメアリーの命令で、斬首されました。**

女王となったメアリーは、イギリスをカトリックの王国に復帰させ、フェリペとの結婚を実現させるべくコマを着々と進めますが、「王国がスペインに乗っ取られる！」と危惧《きぐ》した家臣たちから反抗され、彼らは何度もクーデターを起こすようになります。

フェリペは王太子で、将来のスペイン国王です。結婚が現実になれば、イングランドはスペインに合併されてしまうのでは……という危険がありました。制度的にはイングランドの独立は保証されていましたが……当時、法は王の意思で変わりうるものでした。当のメアリーが自分の結婚に反対する者たちを処刑するような人格の持ち主でしたから、家臣の不安は当然のものだったでしょう。

さらに、**カトリックに再改宗したがらない英国国教会の信者たちをもメアリーは力で押さえつけようとしたため、国内にはさらに大量の血が流れました。**

こうして彼女が**「血まみれメアリー」**こと「ブラッディ・メアリー」との汚名で呼ばれる下地ができ上がっていくのです。あの赤いカクテルは実はこんな血なまぐさい、女の業の逸話を下敷きにしているのですね……。

離れてゆく夫の心をつなぎとめたい一心で……

1554年7月20日、ついにメアリーはフェリペとの結婚にこぎ着けました。愛するフェリペにはイングランドの「共同王」の地位まで奮発しましたが（イングランド王としての名はフィリップ1世）……11歳も年下の夫との結婚生活は、フタを開けてみれば思わしくありませんでした。イギリス滞在中の夫・フェリペが自分の異母妹エリザベス（後のエリザベス1世）に色目を使っていることも、メアリーは気付いていたのかもしれません。

関係回復の頼みの綱は、子どもの誕生です。しかし……女としてのメアリーの運命は、ちょうど約40年前、メアリーの母親・キャサリンが子どもを授かれず、苦しんでいたのと同じ道筋をたどっていったのです。

愛のためならなんでもしてしまう女、それがメアリーでした。しかし、愛だけでは乗り越えられない運命もありました。そもそも妊娠・出産という問題は人知ではいかんともしがたい、神秘の領域です。フェリペの子を、メアリーはどうやっても授かることができず、苦しむ日々が続きました。

それでもついに、メアリーが妊娠に気付く日がやってきました。38歳のときです。メアリーは狂喜、夫にだけでなく事実を公表しました。

しかし……**予定日を過ぎても、子どもが生まれる気配がまったくありません。**

彼女は「予定日の計算を1カ月間違えていた」と苦しい言い訳をしましたが、さらにその予定日を過ぎても子どもは生まれようとしません。

それもそのはず、すべては病んだメアリーの脳が作り出した幻、想像妊娠だったのです。メアリーは自分の高貴な身分を楯《たて》に、医者による診察を拒絶していました。それは傷をいっそう深くすることになったのですが。

その後、42歳のときにも（想像）妊娠を発表したメアリーでしたが……騒げば騒ぐほど、フェリペは冷たくなっていきます。こうして2度目の（想像）妊娠を主張してやまないメアリーを残し、フェリペは彼女のもとを永遠に去ってしまったのでした。

さらに皮肉なことに、メアリーが感じた妊娠の兆候は、卵巣腫瘍だったのです。病状は日々悪化し、メアリーは床に伏すことになります。

結局メアリーがすべてをあきらめ、英国国教会の信者である妹のエリザベスを跡継ぎに指名したのは、自らの死のわずか1日前のことでした。こうして、父や姉弟の陰に暮らし続けたエリザベスが、ついに光の世界に現われることになるのです。

それにしても父と母、義母たち……さらには異母姉メアリーの「結婚」をめぐる愛憎劇に接していれば、自分は「処女王でいたほうがいい」とエリザベスが思うようになったのは当然の結果かもしれませんね……。

6章

人の「心に棲む悪魔」が現われる

――〝理性〟と〝狂気〟がせめぎ合う瞬間

ルートヴィヒ2世は、本当に「狂気」に囚われていたか?

ヨーロッパの人々に、かつてもっとも恐れられていた病は、ガンや心筋梗塞ではなく、**「狂気」**だったそうです。

これからお話しする、現在のドイツ・ミュンヘン地方に存在したバイエルン王国の国王・ルートヴィヒ2世も、狂気の犠牲者となったのですが……彼の死にいたるまでの経緯には、130年以上が経過した今もなお、多くの疑惑がこびりついて離れません。

夢に取り憑かれた男、ルートヴィヒ2世の人生を象徴するのが、彼が作らせたノイシュヴァンシュタイン城です。ディズニーランドのシンデレラ城のモデルとなった城でもあります。彼が生きた19世紀後半はロマン主義の時代で、古い時代の建築に注目が集まってはいました。しかしルートヴィヒは、自身が好む白鳥などのモチーフを使って異様なまでにメルヘンチックに飾り立てた、中世ドイツの築城様式の巨大な城館を、自分のためだけに新築して世間を驚かせました。

彼は生涯をかけて、このような〝夢の城〟を、出費をいとわず三つも作り（リンダーホーフ城、ヘレンキームゼー城）、そこでの夢想や音楽鑑賞にふけり、政治にはまったく無関心だったため、**「月の王」「メルヘン王」**などと呼ばれています。

真夜中に起き、憧れの亡霊たちと〝晩餐会〟

ルートヴィヒの作る城は、一般的な王侯貴族による城とは異なっていました。たとえば、普通の王侯貴族が城を作る場合は、権威を示すために謁見の間を最重視します。

しかし、ルートヴィヒは**寝室（次いで厨房設備《ちゅうぼうせつび》）を一番重視する**傾向がありました。なぜなら、彼が「昼間の世界」を否定していたためです。

これは、ルートヴィヒが愛したワーグナーの楽劇『トリスタンとイゾルデ』に影響を受けてのこと。不倫の愛に苦しむ男女が〝昼間＝理性の世界〟を拒絶して、〝本能＝夜の世界〟に埋没《まいぼつ》していく……そんなシーンに、彼の実人生が大きくインスパイアされてしまったのですね。

彼は**太陽がのぼる前、朝方6時に寝て、太陽が沈んだ頃に起きる**という生活を続けました。つまり、それは通常の人とは正反対の時間帯を生きることであり、孤独を意味します。

ヘレンキームゼー城内には、ルートヴィヒが憧れていたヴェルサイユ宮殿を真似て、本家よりも長い「鏡の廻廊《かいろう》」を作らせていますが……たった1人で、真夜中の謁見式でもやりたかったのでしょうか。

ルートヴィヒは孤独にこだわりました。１８７４年に築城開始されたリンダーホーフ城では、地下の厨房から食堂のある2階まで料理やワインの載せられたテーブルがせり上がってくる作りになっていたのです。

これは、**彼が敬愛するマリー・アントワネット（の霊？）など、いにしえの高貴な客人を招いてのディナーを、無粋な使用人に邪魔されたくないがゆえのルートヴィヒの希望**だったのです。

自分の夢を完全無欠に実現したいルートヴィヒは、自分の趣味の世界に口出ししてくるような他者など必要としていなかったのです。

そのほかにも、彼の作った城には、城内に人工鍾乳洞《しょうにゅうどう》の洞窟や滝があり、そのファンタジックな世界観にこだわる姿は、尋常なものではありませんでした。

さて、そもそもルートヴィヒはバイエルン王国の国王ではありましたが、王国では19世紀前半にすでに立憲君主制を採用しており、国王の地位も正確には「雇われ人」にすぎません。

つまり身分は国王とはいえ、彼は国庫からサラリーを支給される存在でしかありませんでした。

しかし、絶対君主であり強大なカリスマだったフランスの「太陽王」ルイ14世に憧れるルートヴィヒは、自分が置かれている境遇に納得できなかったのです。

現実の中で自分の立ち位置をつかむことができないルートヴィヒは、それならば自分は夢の世界の中だけで生きよう、夢の世界を現実にしようという方向に人生の目的を据えてしまったのでした。

廃位を狙われ、下された「パラノイア」の診断

ところが、ルートヴィヒは1886年6月12日に逮捕されてしまいます。彼は「狂気」だと診断されただけでなく、廃位され、身柄も拘束されてしまいました。

その診断をしたのはグッデンという医師でしたが、おそらく彼は、バイエルン王国をのっとろうとしているプロイセン王国、あるいはバイエルン内の親プロイセン派によって引き入れられた、刺客だったのでしょう……。

しかし、このグッデンの怪しい診断をバイエルンの議会も承認してしまいます。

グッデンがルートヴィヒに与えた病名は「パラノイア」でしたが、実は19世紀頃、「パラノイア」とは、一般的な狂気の呼び名にすぎず、たとえば医師が本当は何の病気かよくわからないのだけれど、その症状に病名を付けなければならないときに頻繁に使われる、〝見なしの病名〟にすぎませんでした。

狂気の治療手段としては、牢獄まがいの隔離施設が各地に設けられているので、そこに閉じ込められるくらいでしたからね。つまり、狂気と診断されてしまうと、そこ

から一般社会に戻れるチャンスはほとんどありません。

しかしルートヴィヒはグッデンに**「なぜあなたは私を一度も診察したことがないのに、私を狂気だと決めつけることができるのですか」**と丁寧に尋ねたといいます。

ルートヴィヒが監禁されたのはシュタルンベルク湖畔にある、ベルク城でした。皮肉なことに彼にとっては、幼少時をそこで過ごした平和な思い出の残る城でした。そこでは自殺するのを恐れられ、食事の際にはフォークやナイフも使えませんでした。

翌13日の夕食後、暴風雨が吹き荒れる最中、ルートヴィヒはグッデンだけを連れて散歩に出かけます。

そしてそのまま、2人が生きて城に戻ることはありませんでした。

両者の死因は溺死。

グッデンの顔には、ルートヴィヒが引っ搔いた傷跡が残っていました。溺死したとされるルートヴィヒですが、不審なことに昔から運動神経は良いほうで、水泳の名手だったのに……と、その死には謎が残されています。

まだ40歳の若さでの死でした。

「私は謎でありたい。永遠に謎でありたい」との言葉通りの結末でした。

「私の死後、ノイシュヴァンシュタイン城は爆破しろ」とルートヴィヒは言っていましたが、その遺言は果たされませんでした。自分の内面そのものである城に、他人が土足で入ってくることを彼は本当に恐れていたのです。

若き日には「ヨーロッパでもっとも美しい君主」といわれた容貌は、晩年になるほど衰え、残された肖像写真には、異様に太り、うつろな眼差しで髪も薄くなった中年男が写っているにすぎませんでした。

ルートヴィヒの変化には、いきすぎた夢想によって、人間はこんなに空っぽになるものか……とも思わされてしまう恐ろしさがあります。

サディスティックすぎた暴君、イヴァン雷帝に下された〝天罰〟

「イヴァン雷帝」ことイヴァン4世は1530年、モスクワに生まれ、1533年に3歳でモスクワ大公として即位しました。

モスクワ大公とは「神の調和を地上にもたらす者」にして、その権利は「神聖にして侵すべからざるもの」と考えられていましたが……その権力は弱く、大公とて大貴族の顔色をうかがわねば、その生命すら危うくなることもしばしばでした。

幼くして即位したイヴァンにとって幸福だったのは、大貴族たちがイヴァンを廃位させ、自分に都合の良い大公を立てる前に、貴族同士で権力闘争を繰り広げ続けていたことです。まだ10代にも達していない大公のことなど、「いつでも消せる」とばかりに貴族たちはかまいもしませんでした。「1日も早く、大きく強くならねばならない」と焦る思いと、「しかし自分は神に選ばれた存在だ」という信念が少年イヴァンの中で吹き荒れていたことでしょう。

幼い頃から片鱗を見せていた残虐性

イヴァンの成長は人よりも早いものでした。しかし彼の背丈が目に見えて高くなってきた12歳頃から、異常な行動をとりはじめます。

すでにモスクワ大公として執務していたイヴァンは、テーレム宮殿での仕事が終わると、宮殿の高い塔のてっぺんを目指して駆け上がることを好みました。その腕の中には犬や猫を抱いており……彼らを放り投げて地上に叩き落とし、悶えながら死んでいくのを観察するのがイヴァンのお気に入りの遊びだったのです。ナイフで小鳥の解剖ごっこをすることも好みました。

当時のロシアでの成人年齢であった15歳のときには、ある家臣の口のきき方がなっていないと怒ったイヴァンは、その家臣の舌を切り取らせました。

そして1547年、イヴァンは史上初めて「ツァーリ（ロシア皇帝）」として戴冠します。

イヴァンは優れた文筆家であり、ツァーリとしての権利を次のように述べています。

「ツァーリは貴族や高官をはじめとする臣民を支配する。したがって臣民に恵むも罰するも自由であり、誰からも糺《ただ》されることはない」

しかも、やりすぎという観念がイヴァンには一切ないのです。

イヴァンは統治者としても軍人としても優れており、領土を拡張していきます。イヴァンが結局、民衆から恐れられつつも支持されたのは、強い者こそが正義という当時のロシアの状況ゆえでしょうね。

イヴァンを批判した場合、その人物の所属する町全体が「消滅させられた」こともありました。

ノヴゴロドという町では、イヴァンが北ヨーロッパ諸国と戦争を起こした結果、対外貿易が不振となり、彼への不満が高まっていました。その噂を聞きつけた直後、ノヴゴロドの代表者たちが**「我々はポーランド王国に寝返る準備がある」**などと書いた手紙をイヴァンは偶然手に入れます。

怒り心頭のイヴァンはモスクワから軍隊を率いて出動、ノヴゴロドに向かう途中では、無罪の町や市民、そして動物たちに徹底的な暴力を加えながら進軍していったのです。ノヴゴロドでの処刑は1カ月以上に及び、死者は6万人にもなりました。

こうした残虐な振る舞いの報いだったのでしょうか、1553年6月、愛する息子ドミトリーの急死という悲劇がイヴァンを襲います。それも家族で訪れた修道院での祈禱の帰りに起きた湖への転落事故がきっかけでした。

神への懐疑がふくらむイヴァンでしたが、翌年3月にはイヴァンの愛妻・アナスタシアが再度、男の子を産んでくれました。ところが今度は1560年8月にアナスタシアが病死してしまいます。

彼女は、イヴァンの怒りの発作を宥《なだ》められた唯一の女性でした。

悲しみにくれるイヴァンは暴力に走ります。難癖を付けて、貴族たちを殺すのです。イヴァンの容貌もそんな異常な生活を反映していきました。30代にして深いシワが刻まれた肌、髪は薄くなってわずか。怒りの発作に襲われると自分でもワケがわからなくなって、ひげをむしるクセもあったので、ひげもひと房でも残っていればいいほう。瞳に光はありません。酷い猫背は老人のようで、異様としか呼べない姿でした。

自らの息子を、激しく殴打し、気づいたときには……

そして、イヴァンにはさらなる天罰が与えられました。

後年のロシアの画家・レーピンが描いた、『イヴァン雷帝とその息子』

実子である皇太子……彼と同名のイヴァンを、怒りの発作で殴り殺してしまったのです。

その発端は、皇太子妃エレーナが宮殿内で部屋着1枚で過ごしている姿を、不道徳だと激昂《げっこう》したからでした。貞淑な女性は部屋着を3枚以上、重ね着するのが普通だったのですが……イヴァンはエレーナが妊婦であるにもかかわらず手をあげます。

そこに息子が仲裁に入ったのですが、わが子が自分に逆らったことに耐えがたい怒りを感じ、イヴァンは手にしていた杖で今度は彼を全力で殴打し続けました。

息子は意識を失い、我に返ったイヴァンの祈りも甲斐ないまま数日後、息を引き取りました。エレーナもそのショックで流産、後に亡くなっています。

イヴァンにはもう1人息子がいましたが、彼には知的障害がありました。しかし、今や彼が皇太子として即位をするほかありません。イヴァンは狂気に陥り、夜な夜な死んだ息子の名を呼びながら、広い宮殿の中を独り言を言ってさまよい歩きました。

正気が戻ると各地の修道院に追悼祈禱を依頼したり、その中で自分がかねてより大量に虐殺してきた「敵」たちの供養に、名簿を作成しようと試みるのですが……イヴァンの場合、処刑した数が多すぎて、もはやどこで誰を殺したのか、思い出せることすら稀《まれ》でした。

こんなイヴァンにも死の日は訪れます。1584年3月のことでした。臣下とチェスに興じていたイヴァンは、まるで居眠りするかのように気絶してしまいます。そしてそのまま穏やかな死を迎えたそうです。

イヴァンのような極悪人が穏やかに死ねるのが神の定めた摂理だったとしたら……不条理を感じるのは筆者だけではないでしょう。

宗教改革を導いたルターは、何に取り憑かれていたのか

歴史の教科書では16世紀ドイツ、「宗教改革」の中心人物として紹介されることが多いマルティン・ルター。

これを買いさえすればすべての罪が許されるという怪しいお札「免罪符《めんざいふ》」を売りつけ、新興宗教同然に荒稼ぎするようになった当時のローマ・カトリック教会の堕落っぷりを、ルターは公然と批判しました。芯のある男として描かれることの多いルターですが……実は、彼はかなり奇妙な男でした。

ルターは21歳のとき、エルフルトのアウグスチヌス会修道院に入りました。

鉱夫から成り上がったルターの父親は、息子には上流の教育を与えたいと希望し、法律を学ばせ、ゆくゆくは政治家になってもらいたいと願っていました。

ところが……ルターは恩義ある父になんの連絡もせず、勝手に学生生活を打ち切って修道院に入ってしまったのです。それは神との約束ゆえでした。

ある日、野原で猛烈な雷雨に襲われたルターは雷に打たれるかもしれないという恐怖に動転、**「神様！　もしこの雷雨をやり過ごすことができたら、教会で修道士になります！」**と必死で願掛けしたところ、神がその願いを聞き届けてくれたのだそうです。少なくともルターはそう信じて、信仰の道に入ってしまったのですね。

そんなルターは若い頃から行動力がある一方、繊細な一面を隠し持っていました。とりわけパニック症的なところがあったのです。

23歳で司祭となったルターですが、**あるミサの最中に、突然、悪霊に取り憑かれた**……と少なくとも信者たちを戦慄させてしまう事件を起こします。聖書の「マルコの福音書（9章17節）」が朗読されているときで、ちょうど悪霊に取り憑かれた子どもにキリストが奇跡を起こす様が語られているシーンでした。

聖歌隊の中にいたルターは突然卒倒、「取り憑かれたようにうわごとを言い」、「雄牛のような声でうなった」のだとか。その後、**「それは私ではない！」**と謎めいた言葉を叫び続けるルターに、人々はおののきました。

ルターは独断で修道院に入ったことを父親から責められ、「雷雨でお前を助けたのは神ではなく悪霊の仕業だ」と言われたことを非常に気にしていました。常日頃、「私が修道院に入ったのは、悪霊に取り憑かれたからではない！」と叫びたかったのが、つい出てしまったのでしょうか。

罪悪感で〝病んだ心〟が、悪魔の幻影を見せたのか？

後にローマ教会に公然と反抗し、破門されても、まったく屈した様子を見せなかったルターですが、長期間にわたって相当なストレスを感じていたのでしょうね。

ルターはその後もローマ・カトリックへの憎しみ、そして心に潜む悪魔と戦い続ける人生を送るはめになりました。やがて重度の鬱《うつ》状態に陥ったルターは、キリスト教徒なので自殺したい……ではなく「殉教したい」と考えるようになりました。

そして、殉教したいがあまり、自分が悪魔に迫害されることを望むようになったといいます。

ルターが経験する悪魔憑きは、ルター自身が**「悪魔の風呂」と呼んだ心因性の心臓発作**からはじまります。風呂と呼んだのは、その発作が起こると異常なまでに発汗するからで、彼は汗だくで苦しみもがき、絶叫しました。とくに中年以降のルターの心は深刻な鬱に支配されていることが多く、その後に悪魔憑きの状態に陥るというのが通常のパターンでした。

その上ルターは、ときとして神への信心が働かなくなることまでありました。激怒や暴飲暴食、好色な思いなどキリスト教のいう「七つの大罪」に次々と支配され、ルターはそのたびに「悪魔に取り憑かれた！」と騒ぎまくりました。

ルターの考えでは、**悪魔が一番恐れるのは人間の肛門《こうもん》**だそうで、ルターが内なる悪魔に対して叫んでいたのは**「覚えておくがいい。俺はパンツの中に排便し、お前はそのパンツを首に掛けそれで口を拭《ふ》くのだ」**といった罵詈雑言《ばりぞうごん》だったそうです。こうしたルターの錯乱ぶりに、周囲は青ざめたことでしょう。

ルターの言葉で印象的なのは、**「同時に呪うのでなければ私は祈ることができない」**というものです。ルターは「キリストの御国《みくに》を来たらせたまえ」という祈りの言葉の後に「ローマ・カトリックの教皇制が呪われ罵倒され破壊されるように」などという呪いをつけ足さずにはいられないのでした。

そんなルターは海外では、心理学者の格好の〝分析対象〟として有名だそうです。神の罰や悪魔の誘惑より、人間の病んだ心ほど恐ろしいものはありませんね……。

19世紀末のロンドンを恐怖に陥れた「切り裂きジャック事件」

19世紀末の大英帝国の暗部を象徴するのが「切り裂きジャック事件」です。

1888年8月31日から11月9日にかけて、深夜から早朝の時間帯に、ロンドンのイースト・エンド、ホワイトチャペル地区で、**5人の街娼《がいしょう》が次々と殺害され**ました。

その犯人の正体は、現在にいたるまで判明することなく、「切り裂きジャック」と称され、世界でもっとも有名なシリアルキラー（連続殺人鬼）の1人に数えられています。

切り裂きジャックによる犯行の多くは、ほぼ明かりのない、真っ暗な街路や裏庭で行なわれました。犠牲者たちは、**「助けて」「何をするの」**という叫びを発したようですが、ホワイトチャペルの夜の治安はもともと最悪で、そんな叫び声が聞こえるのは日常茶飯事。叫んだくらいでは、誰も助けにきてはくれなかったようですね。

しかも、切り裂きジャックは彼女たちをただ殺害するだけでは満足しませんでした。犠牲者5人のうち3人は完全に失血死する前、つまりまだ意識が残っているうちから刃物で腹部をこじ開けられたことになります。ついで内臓をめちゃくちゃにされ、あげくに子宮や膀胱《ぼうこう》、腎臓などを摘出されることもありました。

以下に、その犯行状況と、注目すべき点を列挙していきます。

5人の娼婦が、身の毛もよだつ方法で犠牲に

○8月31日……メアリー・アン・ニコルズ（42歳）が、ノドと腹を掻き切られて死亡。腸が飛び出ていました。性器にも刃物の傷跡がありました（子宮摘出に失敗？）。
○9月9日……アーニー・チャップマン（47歳）が、頭が身体からもげ落ちそうなほど深く、頸部を切開されて死亡。子宮と膀胱が犯人に持ち去られました。注目すべき点はこの犯罪が夜明け後、しかも路地で行なわれている点です。
○9月30日……エリザベス・ストライド（44歳）が2度にわたってノドを深く切られて死亡。しかし彼女の身体をバラバラにする前に、犯人は人の気配を感じて逃亡。

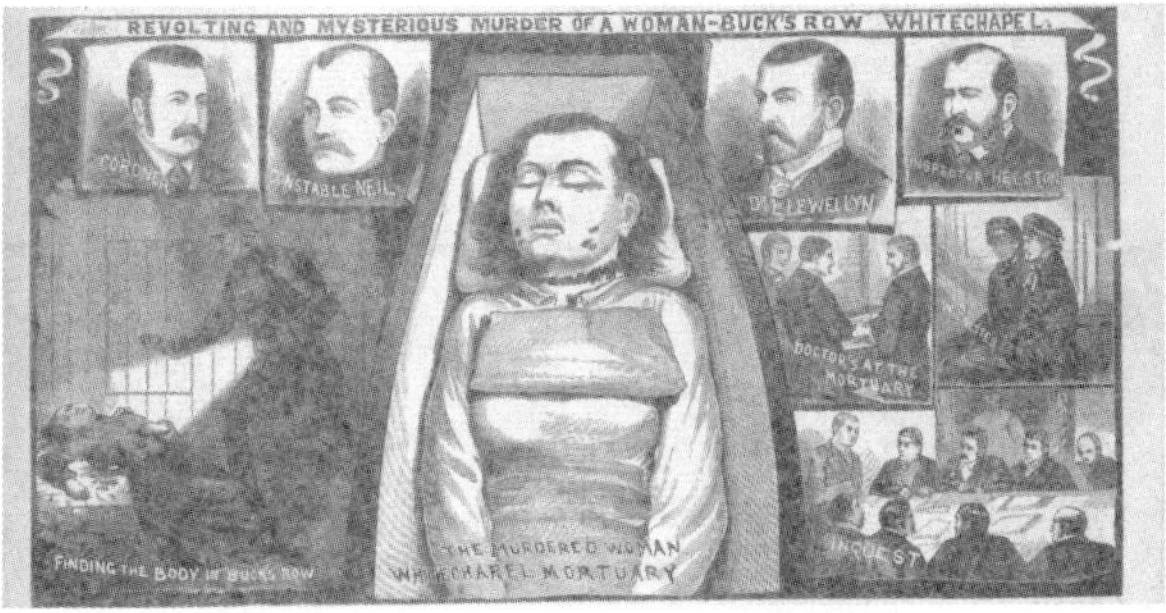

事件を報じた当時の新聞記事の挿絵

○同30日……ストライドを殺した後、犯人はキャサリン・エドウッズ（43歳）を襲撃。ストライドをバラバラにできなかった怒りからでしょうか、エドウッズの顔には刃物で引き裂かれた傷跡があり、ついでに右耳と鼻が削《そ》がれていました。さらに下腹部から首筋あたりまでにかけて大きく切開され、左の腎臓と子宮がなくなっていました。

○11月9日……メアリー・ジェイン・ケリー（25歳）。この一連の事件唯一の「若い」被害者でした。また、室内で犯行が行なわれ、遺骸が発見された唯一の被害者です。切り裂きジャックはこれまでのケースとは異なり、人目を気にしなくて良かったため数時間にわたって彼女の身体を切り刻み、その結果、彼女は顔から内臓にいたるまでグチャグチャにされてしまいました。

現場報告書によると「血潮はベッドからあふれ、床は2フィート（約60センチ）四方が血のプールだった」。当時の新聞にもその凄惨さを語る、詳細な記事が載せられましたが、内容があまりにグロテスクなので今回は割愛します。

暖炉の中から、血まみれの衣服類を燃やそうとした痕跡が発見されていますが、それらは犠牲者メアリー・ケリーとその内縁の夫ジョゼフ・バーネットの衣服ばかりで、犯行証拠となるものはすべて、切り裂きジャックが現場から持ち去っています。彼は**狂気の人ではなく、完全に明晰《めいせき》な理性の持ち主であった**……ということですね。

この手の快楽殺人の場合、犯人が死ぬか、逮捕して身柄を拘束するかのどちらかでなければ、犯罪を止めることはできないといわれています。

切り裂きジャックの正体は何者か

切り裂きジャック事件の真犯人を探る議論は、事件発生から130年ほどが経過した今もさかんに行なわれています。現在では世界中に**「リッパロロジスト」と呼ばれる切り裂きジャック研究家**がいるのです。

1995年の時点で、名だたるリッパロロジストによる容疑者リストの最上位にあげられているのは、最後の被害者メアリー・ケリーの内縁の夫で、事件前から彼女に売春を止めろといっていたジョゼフ・バーネット。

売春婦たちを惨殺して、ケリーに売春の危険さを教えようとしたが失敗、ケリーを怒りにまかせて殺してしまったのではないか……とされています（事件後の彼は行方不明）。

第2位はなぜか、モンタギュー・ジョン・ドルイットという、事件当時、記録上はすでに自殺していた男性。

そして第3位が、**フランシス・タンブルティという「医師」**です。日本ではタンブルティ犯人説の本が未翻訳のため、あまり注目されていないようですが、筆者には彼が一番怪しく思われるのです。

1833年頃、アイルランド系移民としてカナダに生まれたタンブルティは職を転々とした後に独学で薬草学を研究、民間療法の医師として開業しています。その後はアメリカやイギリスなど世界各地を転々として暮らせるほど、裕福になりました。

「19世紀半ばの米国では、私立専門学校が（略）数カ月の授業料を払えば医学の学位を授与していた（ウィリアム・バイナム『医学の歴史』）」のですから、独学で医師になる者もアメリカには当時、ザラにいたのでしょう。人体の基本的な構造については、書籍から学んだのだと思われます。

それでもタンブルティの薬草処方は好評で、おおむね成功していました。若き日には女性と結婚していますが、後に離婚。妻がかつて娼婦をしていた経歴を知って、女性全般に嫌悪の情を抱くようになったとされます。

1860年代にはワシントンで暮らしていたタンブルティは、男性だけを招いた夕食会を開催しますが、**「女ほど危険なものはない」**、**「君にも友人として（女の処分用に）毒薬を譲ってやろう」**などと発言。さらには瓶詰めにされた12個もの女性の子宮などの人体標本コレクションを見せています（切り裂きジャックも、殺害した娼婦から子宮を持ち去っていたのを思い出してください）。

1888年、一連の切り裂きジャック事件の起きる以前から、タンブルティはロンドンにいました。当時55歳でしたが、**「4人の男性との不適切行為**（おそらく同性買春）**」**の容疑で逮捕もされています。身柄は実刑が確定するまで慣習的に拘束はされず、評決が出る前にタンブルティは無理矢理、アメリカに帰国してしまったようです。

ちなみにその時期は、ロンドンでの一連の切り裂きジャック事件の最後の犠牲者が出た直後に重なっています。

タンブルティはその後、12月末にジャマイカに出国、翌1889年の年明けにはニカラグアにも渡航した記録があり……**当地でも娼婦の連続殺人事件が起きたとか。**偶然にしては符合が重なりすぎており、タンブルティ犯人説には納得せざるをえないのです。

ところが、そもそも快楽殺人の犯人は、セックスの代償行為として殺人を行なうというのが定説で、タンブルティが同性愛者だとすれば、女性にそこまで執着する理由がないのでは……と疑問に思う研究者も多いようですね。

タンブルティはかなり特殊なケースだと思われます。タンブルティにとって自分の同性愛的な部分は認めたくないというか、やはり否定していたい面であり（当時の欧米圏では同性愛者が否定的に扱われる傾向が強かった）、国境を越えて転々と放浪し続けたのは、「本当の自分」から逃げようとしていたからだったのかもしれません。

1人の人間のセクシャリティは本当に虹色というか、多様な側面を持つものですから、タンブルティに同性愛的な側面があったことと、異常な形にせよ女性への強い関心があったこととは矛盾はしません。

そもそも、妻が元・娼婦だったと知って憎くなったというより、最初から経験豊富な元・娼婦の女性と知ってタンブルティは彼女を選んだ、とも考えられます。

タンブルティは医師で、裕福でした。彼と結婚したい女性は多かったはずで、わざわざ、経歴がハッキリしない女性を選んだ時点で、ある種の作為が感じられます。「訳あり」の女なら、自分の同性愛傾向を受け入れてくれるかもしれないし、金でなんとかできるはずだと見くびっていたのかもしれません。

しかし結果的に彼は結婚に失敗し、その経験は彼に大きな衝撃を与えたようです。それゆえ女性、ひいては娼婦への憎悪が異様なレベルにまで高まり、過激な言動、犯罪に走った……と考えるほうが自然な気がしませんか？

切り裂きジャックの犯行動機である「女性への憎悪」を分析すると、「自分が女を好きになれないのは、女が悪いから」「とくに娼婦は最悪最低」というように、妄想が炸裂した結果のように思われてなりません。

ただし、繰り返しますがタンブルティは当時55歳。場合によってはひと晩に2人も、あんな形で殺すだけの気力・体力が彼に残されていたかの一点だけは疑問です。「火事場のバカ力」ということわざのように理性を超越した力が、土壇場では出てしまうものかもしれませんが。人間とは実に業深く、恐ろしいものです……。

童話『青ひげ公』のモデル、ジル・ド・レは、美少年を何人も……

ジル・ド・レの名は、童話『青ひげ公』のモデルとして知られています。後世に描かれたにせよ、肖像画の中のジルは漆黒の髪やひげの持ち主ですから、それが青光りして見えた……のかもしれません。一方、ジル・ド・レには、『青ひげ公』の童話のように、花嫁を次々と殺していったという事実はありません。**彼が興味を示し殺し続けたのは、もっぱら「美少年」だけ**だったのです。

ジルは優秀な軍人だったといわれます。たしかに彼はジャンヌ・ダルクとともに、フランス国王シャルル7世のためにオルレアンを解放するなどの活躍をしたことがありましたが……彼にとって戦争とは、莫大な財産を投じての殺戮遊戯《さつりくゆうぎ》だったようです。戦場は、殺人が正当化される場所ですからね。

25歳の頃、ジルはジャンヌとともに国王シャルル7世の即位に貢献した恩賞にあずかり、高い家柄ゆえか実際の戦果以上に評価され、ライバルたちを押しのけて「元《げん》帥《すい》」の位までもらっています。

ところがジルには、異様なまでの浪費癖があり、この頃にはすでに当座の資金に困り、自分の所有していたブレゾン城を売り払っています。

後には自分が売却した城の権利を主張、力ずくで奪い返そうとし、ついに裁判に訴えられ、余計な事実まで露見し、彼は破滅してしまうのですが……その最中に出てきたのが、**ジルが興じていた少年虐殺の数々**です。

美しい少年たちが「消え去る」「ぷっつりと連絡がとれなくなる」

１４３２年、11月15日、父親代わりだったジルの祖父ジャン・ド・クランが亡くなりました。ジル本人によると、この祖父の死の前後に少年虐殺の趣味に目覚め、次第にやめられなくなったというようなことを言っています。**彼になぶり殺された少年は３００人**ともいわれています。

１４３８年、ジルの少年虐殺行為がもっとも多かったとされる年の記録の一部を見てみると、2月から3月にかけて、ギョーム・ドリという料理人見習いの少年が消え去るという事件がありました。

彼はフランス西部のナントにあったジルの邸宅、ラ・シュズ館で働いていましたが、彼とぷっつり連絡がとれなくなった両親が心配になって、**「ジル様が子どもを集めて殺しているという噂があるのだが」**とジルの家臣に実に率直に尋ねたところ、厳しく注意をされて詫びることになった……そうです。

同年6月24日には、やはりラ・シュズ館に出入りしている12歳の少年が、27日にはジャンという14歳の少年が次々と殺害されてしまったようです。

このジャンという少年については珍しく、さまざまな記録が残されています。それによると、ジャンはきわめて美しく、成人後の十分な報酬や執事の職を約束された上で、ジルのラ・シュズ館に引き込まれてしまったとか。

言葉巧みに裸にされ、愛され、縄で縛り付けられ——

ジル・ド・レがどうやってこれらの哀れな少年たちを「始末」していったかですが、異端裁判の法廷においての彼の従者たちの証言をまとめると、**ジルの犠牲となるのは**

きまって庶民の少年でした（貴族が庶民に対して犯罪行為を行なっても、中世ヨーロッパではまともに処罰されなかった）。

彼らは言葉巧みにジルの館に連れてこられると、召し使いたちにかしずかれ、風呂に入れられ、清潔な美しい衣服を与えられます。

その後、彼らはジルの寝室に案内され、お菓子などを与えられて愛撫されます。少年たちが抵抗しないのは、結局、そういう性格の少年を選んでいるからでしょうね。

雲の上の人であるジル・ド・レ様に寵愛され、自分にはそんな価値があるのかと夢見心地になっている……そんな美少年と性的な時間を過ごした後、突然、少年たちは縄で縛り付けられます。そして従者たちの手で壁の鉤《かぎ》に吊り下げられます。

少し前まで、少年たちはジル様から甘い言葉をかけられ、こびへつらわれて、傲慢そうな表情まで浮かべていたのに、立場が急に一転するのです。

彼らは恐怖で叫びます。しかしジルからの**「これは、控えている従者たちのいたずらだ」「私がいるから安心せよ」**という言葉を聞くと、少年たちは安堵《あんど》の表情を浮かべます。

……が、これはひとつの駆け引きだったのでしょう。そんな彼らの首は静かに、しかし力強くジルの手で絞め上げられ、窒息させられてしまうのでした。

刃物で首を切り裂き、血しぶきと断末魔の叫びを上げる彼らの姿を、ジルが嬉しそうに眺める日もありました。従者たちの証言によると、手足を落としたり、棍棒《こんぼう》で首筋をたたき折ったりすることもあり、刃物、釘つきの棒といった道具のバリエーションは多彩なものでした。

ジルの心に君臨し続けた〝永遠の理想の人〟

貴族や庶民といった身分に関係なく、教会から禁断の行為とされていたはずの同性愛は当時でもさかんに行なわれていました。

これは筆者の想像ですが、ジル・ド・レが「選んだ」男の子たちの大半は、貴族の館ですでに働いている者たちであり、機転と容貌の良さを買われた彼らは、見た目は清純でも、その手の趣味の大人のベッドに小遣い稼ぎで侍《はべ》ることがあったのでしょう。

だからこそ縛り上げられても、「大丈夫だ」と言われると、**「ああ、こういうお仕事か」**と安心してしまう……生来の美しさにかまけ、悪徳に耽《ふけ》ってもなんとも思わない、いけない少年たちを「罰する」のが、ジルの最大の快楽だったような気がしてならないのです。

結局、**ジルの中で永遠の理想は犯しがたい威厳に満ちた「処女ジャンヌ・ダルク」だった**のだろうなぁ……と筆者は考えます。そして思えば、男装したジャンヌもまるで少年のようでした。

実は1434年の9月から翌年8月にかけて、彼は自分ですべての費用を負担し、内容にも注文をつけ（ジャンヌ役は少年が演じるべき、と主張したとか）、ジャンヌ・ダルクや自分が登場する長大な「神秘劇」を上演させているのです。

上演はオルレアンの解放日である5月8日からはじまり、オルレアン市内の舞台で5カ月にわたって上演されました。ジルはその観客すべてのチケット代まで負担するという太っ腹なところを見せました。

しかしこの結果、彼の財産は一気に目減りし、資金難になったようですが……結局、ジル・ド・レはジャンヌとともに潰《つい》える運命だったようですね。奇《く》しくもジル・ド・レが裁判の末に罪を受け入れ、ジャンヌと同じく異端者として死んだとき、彼女と同じ火刑に処されています。1440年10月26日の処刑執行には、ジルに我が子を殺された親たちを含む人々が火刑台を取り囲みました。しかし彼らはジルを責めるどころか、あまりに狂ったジルの魂の救済を神に祈っていたのです。

人類史上最悪の独裁者、ヒトラーの「真の目的」とは

1939年のイギリスで発表された1冊の本は、あっという間に発禁処分を受けました。本の著者はヘルマン・ラウシュニング。ラウシュニングはドイツの地方貴族の出身で、かつては**ヒトラーが主張するナチ党の思想の心酔者**でした。

第二次世界大戦の足音が聞こえてくる中、闘争に勝ち抜いた強い者が正義であり、彼らだけに生き残る権利があるとするナチスの主張は、たしかにシンプルでわかりやすかったのかもしれません。

「究極の勝ち組」に入るべく、ナチズムの信奉者は、ドイツ以外でもヨーロッパ各地で増えつつありました。その1人が、ヘルマン・ラウシュニングだったのです。

ヒトラーはラウシュニングをナチ党のブレーンとして認め、ダンツィヒ市長やナチ

党の要職を担わせるなど厚遇しました。他人をほとんど信頼することのなかったヒトラーからとくに目をかけられるようになったラウシュニングは、ヒトラーを囲むごく親しい者たちだけのサークルに入ることを許可されます。

そして、そこで**ナチズムの真の目的**をヒトラーから伝えられたラウシュニングは、恐怖に囚われ、逃亡を画策するようになりました。

ヒトラーを裏切り、他国に亡命すれば、それは自分や家族の命の危険を招くでしょう。しかし、ラウシュニングにはそれでも発表したい真実があったのです。彼は家族をまず国外に逃亡させ、自らは嵐の夜に拳銃を携え、モーターボートに乗ってイギリス目指して漕ぎ出します。よくイギリスに無事たどり着けたものですね。

さっそくラウシュニングは、自分がナチス・ドイツで見聞きしたことを本にまとめました。

しかし……**ラウシュニングの著書『ヒトラーとの対話（邦題『永遠なるヒトラー』）』は、発表してすぐにイギリスで発禁処分**を受けてしまいます。この時点でのヒトラーは、ドイツの総統です。また当時のドイツはまだ、隣国に無理な領土要求を突きつけるという問題行動を繰り返している「だけ」の段階でした。

そのヒトラーを実名攻撃する本は、イギリス政府としては、政治問題になると困ると考え、見逃しておけなかったのでしょう。そもそも、キリスト教社会のタブーに触れる内容もあったため、すべてはラウシュニングの創作に違いないと思われたことも大きかったと思います。

ヒトラーの最終計画は「ユダヤ人迫害」どころではなかった

ラウシュニングによれば、人類は神にも等しい存在となるポテンシャルを秘めていると、ヒトラーは考えていたそうです。ヒトラーの言葉では**人類は「生成途上の神」**なのです。ところが人類は民族によって優劣が分かれ、ユダヤなどの劣等民族が世界を滅亡させようとしている……彼はそう信じ込んでいました。

ヒトラー、そしてナチズムの最終目的は、地上からそれら有害民族を取り除くだけに終わりません。人類を、神と同等の存在にまで本当に高めようとしていたのです。

ヒトラーが全人種の中で最優秀と考えるゲルマン民族を、その中でさらに優秀な筋骨たくましい青年たちをベースに「品種改良」し、人類を人工的に進化させようとしていたのです。

ヒトラーは、ラウシュニングにこう語りかけたといいます。

「高貴なる血（＝生物として優秀というような意味）にとって恵まれた状況を創り出されれば（略）偉大なる人種の男が出現する」

「（私はドイツ民族などといって政治運動をはじめてはいたが）民族という概念は（もはや）無意味になった。（略）人種という概念に置き換えねばならない。（略）国境をこえる（生物として優秀な）人種こそ、未来の秩序を示す概念なのである」

「人種という概念によって、ナチズムは、革命を海をこえて運び世界を改造するであろう」

「さまざまな言語を持つとも、支配者人種に属するものの間には、相互の了解が生まれるであろう」（以上、ヘルマン・ラウシュニング『ヒトラーとの対話』）

つまり、**ヒトラーがラウシュニングに求めていた仕事とは、優秀な人間同士を家畜や作物のように掛け合わせる、いわば「農業家・家畜飼育家」としての「育種」をすることだった**のです。

それにしても「人類を人工進化させる」とは、まるでアニメやSF映画のような発想ですが、それこそが自らを第二のキリストこと救世主だと考えるヒトラーが、「神」の代理人として成し遂げたい最終目標でした。ナチズムは宗教以上のものだと語って

ヒトラーの真の目的は——

いたヒトラー。彼が本気で、そんな計画を実行しようとしていると知って、ラウシュニングはナチス・ドイツから命からがら逃げ出したのです。

ラウシュニングの亡命から2年後の1941年以降、ナチスはこれらのSF的過激発想を現実世界で実現していきます。

そのうちのよく知られたものが、占領した各地のユダヤ人たちを強制収容所に拘束し、大量虐殺したことです。

ヒトラーに寵愛されていたラウシュニングがナチズムを見限ったのは、人間を家畜のように扱っておかしいと思わないヒトラーの本質にいち早く気づいたからだったのです。

ヒトラーは〝悪魔の声〟の指示を受けていた？

アドルフ・ヒトラー率いるナチ党支配下ではユダヤ教はもちろん、キリスト教の宗教者も迫害に遭いました。ヒトラーの神をも恐れぬ行ないは、彼が宗教を信じていなかったから……と一般的には説明されがちですが、実際のところ、ヒトラーはオカルトが大好きでした。

ラウシュニングに言わせると、**ヒトラーは20歳頃（1910年頃）から自分の霊的な才能に気付いていた**そうです。すでに亡くなっていた父親の遺産と母親の甘さにつけ込み、定職にも就かず、表向きは美大入学を目指しながら、ニート暮らしをしていたというのがヒトラーの20歳前後の姿です。

が……このとき彼は図書館に頻繁に通い、すでに黒魔術や錬金術関係などオカルト関係の専門書を読み込んでいたのです。

ラウシュニングは、常日頃からヒトラーが「あいつ」「あの男」などと呼んでいる見えない存在、つまり**悪魔に乗っ取られる瞬間**を目撃していますへ（彼自身はそれを人格の分裂の発作だと見ていましたが）。

「『**あいつだ！　あいつだ！　あいつがずっとここにいたのだ！**』ヒトラーはあえぐ。唇は紫色だ。汗が顔面を伝って流れ落ちる。突然、奇妙なイメージを繰広げはじめ、意味のない妙な単語、支離滅裂な言葉を語る。戦慄的にひびく、奇妙な文法で、全然ドイツ語にはない言葉の組合せを使う」（ラウシュニング『ヒトラーとの対話』）。

しばらくしてヒトラーは少し理性を取り戻し、**「あの隅にいるのは誰だ！」**などと絶叫し続けるものの、周囲に宥められ、いったん目を閉じた後は何時間も眠り続けるのだそうです。

悪魔とヒトラーの〝対話〟を目撃したのは、ラウシュニングだけではありません。イギリスのジャーナリストのウォード・プライスの証言にも、ヒトラー本人が語ったという、25歳のヒトラーが第一次世界大戦に一兵士として参戦していたときに経験した、超常現象のエピソードが出てきます。

戦友たちとのある夕食時、突然ヒトラーだけが知らない男の**「（椅子から）立ちあがって向こうへ行け！」**という声を聞きます。

ヒトラーはその男の声に「上官の命令を聞くように機械的に従い、20ヤード（約18

メートル）ほど移動」したそうですが、その直後、流れ弾が飛んできて、もとの場所にいた戦友たちは粉々に吹き飛んでしまいました。

その声の主こそが、ヒトラーが「あいつ」と呼んだ存在……つまりは悪魔だったそうです。

ヒトラーはその後も、**この不思議な声によって何度も窮地を脱すること**ができました。

その後、これから起こる未来の出来事が、ヒトラーにはなぜか「わかってしまう」ようになり、それは「あいつ」がヒトラーに授けた特殊能力だったそうです。

やがて「あいつ」は「体の中にほとんど棲みつくように」なり、ヒトラーが「選ばれた存在」なのだと告げます。そして**「ユダヤが世界を支配するのを食い止めろ」**と命令。**「おまえは50歳で世界征服の戦争をはじめるのだ」**といったことまで指示するようになったのだとか。

オカルト組織「トゥーレ協会」との密接な関係

ラウシュニングとの関係がまだ良好だった頃のヒトラーは、トゥーレ協会というオカルト組織と密接な関係がありました。

1920年に有名ホテルで行なわれたトゥーレ協会の会合に、ヒトラーが顔を出したという記録もあります。

当時、トゥーレ協会はミュンヘンを中心とする南ドイツの上流階級に支持され、潤沢な資金を持っていました。その会員リストには法曹界《ほうそう》の大物や、門閥貴族、実業家や大学教授の名前が並んでいました。当時の上流階級のあらゆる層に会員を持っていた、ということです。

このトゥーレ協会の政治部門こそがナチ党の前身で、ヒトラーをリーダーに掲げた「ドイツ労働者党」だったことはあまり知られていません。

そう、**ナチ党は最初からオカルト組織だった**のです。そもそもナチ党のシンボルのカギ十字（ハーケンクロイツ）は、トゥーレ協会で使われていたものです。

ナチ党の拡大とともに、トゥーレ協会の勢力も強くなる一方でしたが、両者の力の均衡《きんこう》が崩れる日がきます。悪魔に憑依《ひょうい》されたヒトラー率いるナチ党が、トゥーレ協会を呑み込んでしまったのです。

1937年、トゥーレ協会は解散に追い込まれます。フリーメイスンなどの宗教活動団体の禁止を掲げたナチスの政策のためでしたが、この時点で、ナチス自体がヨーロッパで名実ともに最強のオカルト組織となっていたことを意味しているのですね。

ラウシュニングの語ったことが、真実だったかどうかを確かめる術《すべ》はもはやありません。

しかし、ヒトラー率いるナチス・ドイツ、そして彼らに洗脳されてしまった人々の所業が、ありえない狂気に満ちているのは、彼らを操っていたのが悪魔だったからと本気で考えたほうが、よほど納得できるのは筆者だけではないでしょう。実際、ヒトラーの平凡な生い立ちをプロファイリングするだけでは、彼があそこまでの狂気を抱くにいたった理由など説明できない気がします。

ヒトラーは**「ナチス・ドイツが戦争で負けてもナチスの精神は甦る」**と予言していたそうです。今後、新たなる恐怖の到来を我々は覚悟しなくてはならないのでしょうか……?

ナチ党セレブの〝狂った愛情〟が引き起こしたもの

狂気の大見本市という観のあるナチス・ドイツ。罪もなき大量の人々が、ユダヤの血を引くとの理由だけで組織的に大量虐殺された、狂気の所業で知られています。しかし、ドイツ民族に生まれたからといって、ナチ政権下で安泰に暮らせたわけではありませんでした。

１９４３年頃、ナチスが真剣に実施を検討していた政策の中には、**「すべての女性は35歳までに純血種のドイツ男性との間に子どもを4人もうけることを義務付ける」**といった衝撃的な内容が含まれていました。「優秀な」ゲルマン民族の子どもを増やしたいがための政策です（しかしこの頃、ナチスはソ連軍との重要な戦いに大敗北するなど、劣勢に転じつつありました。そのため実施は見送られたようです）。

女性だけでなく男性も大変です。もしこの政策が実現していたならば、「ある家族が4人目の子どもを授かると、その家族の父親は、子どもがいない別の家族のもとに繁殖目的で派遣され、そこで性的奉仕をせねばならない」、などという案まで考えられていたのです。ナチスの異常性をひと言で語るなら、それは人間の生命に対する感覚の徹底的な鈍さだと思います……。

出逢ってしまった、ナチ党支持者同士の「一組の男女」

熱烈なナチ支持者の女性カロリーネ・ラシャーは、1893年にドイツのミュンヘンで生まれました。本職は歌手です。16歳で結婚したオットカル・ディールとの間には子どもを授かれず、早くに夫も亡くしていました。

一貫して熱烈なナチ党員だったカロリーネは、各地を移動できる歌手の身分を活かし、党のスパイ任務を請け負うようになります。ヒトラーの側近・ヒムラーの身柄をかくまった功績も持ち、ナチス・ドイツの隠れセレブ的な女性でした。

ところが……カロリーネには子どもがいませんでした。子どもの数で女性の価値が決まるという乱暴すぎるナチの思想に（なぜか）共鳴しつつ、自身は1人も子どもがいないまま未亡人となったカロリーネは内心、苦しみ続けていたのだと思います。

状況は1936年に一変します。43歳のカロリーネは、27歳のラシャー博士と知り合い、運命の恋に落ちてしまいました。ラシャー博士は医学の博士号を取得したばかり。当時はミュンヘン大学病院で無給のアシスタントをしている、不遇の人物でした。しかし、カロリーネには彼こそが自分の理想の男性に思えたそうです。

交際がスタートしたこの頃、カロリーネは自分は33歳だと言い張りました。10歳もサバを読んだのですが、ラシャーはあまり気にしていないようでした（年齢のサバ読みはひどくなる一方で、最後には15歳も年齢をごまかしたそうですよ）。

ラシャーは後に**「私は当時、もはやこの女性から離れられないだろうとわかっていました」**と発言しています。経済的にも、肉体的にも成熟しきった女の魅力で、カロリーネがこの若い博士をリードし、籠絡したようです。

「子どもを産めないと、彼が出世できない」という思いから――

ラシャーはカロリーネのコネでナチス親衛隊（SS）に入り、親衛隊内のエリート集団「髑髏《どくろ》隊《たい》」への入隊も志望するようになります。**そのメンバーになるには、妊娠・出産を確実に期待できる、健康で若い妻がいることが必要**でした。

しかし当時、カロリーネは46歳を過ぎていました。ゲルマン民族の男性として「繁殖」に協力しないのは大罪ですから、カロリーネの知人であるヒムラーですら、ラシャーの髑髏隊入隊を保留にしてしまいました。このままでは、ラシャーの出世は望めません。

ところが……カロリーネの身体に異変が起きるのです。彼女は「妊娠した」とラシャーに告げました。そして**長期出張から帰ってきた夫が、我が家で見たのは、誇らしそうな妻と新生児の顔**でした。

カロリーネの説明によると、「旅行先のプラハで早産ながら、この子を無事に産み落とした」というのです。助産師の証言や女医の診断書もちゃんとありました。

夫婦待望の男の子は、ペーターと名づけられたのですが……読者が想像する通り、**このペーターはプラハで、別の女性が産んだ男の子。**証明書の類はすべて、偽造したものでした。

短期間のうちに（同じような手段を使って）、フォルカーという男の子まで「産まれ」たので、ついにヒムラーもラシャーとカロリーネの結婚を許可します。

ラシャーは親衛隊のエリートたちの中でも出世し、ダッハウの強制収容所において行なわれた、数々のおぞましい人体実験の責任者となりました。

次々と増えていく、どこかから「調達されてきた」子どもたち

夫がロクでもない実験に血道を上げているかたわらで、カロリーネはせっせと新たな子どもたちを〝調達〟してまわりました。

彼女の目標は6人の子どもを授かることでしたから、ペーター、フォルカーに続き、ディーター、ライナーといった弟たちが、どんどん「産み落とされ」……いえ、次々と連れてこられたのです。

出張中にしか子どもが生まれないと夫が怪しんでいるそぶりをみせると、カロリーネは自宅の居間で産み落としたと見せかけるため、居間に血のりをこぼしたり、赤い液体を塗りつけた新生児とともに「今、生まれたの」とばかりにベッドに横たわっているときすらありました。当時は、空襲で焼け出された新生児の母親を見つければ、その男児を「安全な田舎に疎開させる」とうけあって譲ってもらうことができたからです。

大勢の息子の母になりたい一心のカロリーネは、妊娠から出産には何カ月かかると

か、そういう理屈にはおかまいなしになりました。生後何週間も経過した赤ん坊を新生児だと偽って、医師の夫に堂々と見せつけることまでありました。

さらに……**ラシャーが長期出張から帰宅すると、子どもたちの顔が以前と「違う」ことに気付く**ことがありました。カロリーネの調達した息子たちは、花壇の草花のように頻繁に入れ替えられていたのです。

実母から「やっぱり子どもを返せ」と言われたり、今のペーターが自分の理想とする息子ではないと感じたりしたら、別のペーターを探してきて、取り替えていたのです……。

カロリーネは、**「ゲルマン民族以外の下等人種の血が入っているように見えた」**との理由で、子どもを親元に返却したこともありました。

親元に返却されない子どもは「ほぼ、いなかった」とのことですが、それもカロリーネの記憶が正しければ……ということですから、闇はいっそう深いですね。

ちなみにペーター、フォルカー、ライナーは（カロリーネが覚えている限りでも）2人おり、カロリーネは彼らを「〇〇1号」「〇〇2号」と呼んでいました。ディーターにいたってはなんと3号までが用意されていました。

こんな妻に対してラシャーは「気付いていないふりをするしかなかった」と言いま

す。ナチズムが女性に求めた「良き母」「良き妻」の像に近付こうとするがあまり、狂っていく妻を無視するしか、彼には方法が思い付かなかったのです。

カロリーネの真実が明らかになるのは1944年3月、ミュンヘンの新聞に1人の子どもの誘拐《ゆうかい》事件の記事が掲載されてからです。カロリーネは自らに課していたノルマの6人目の子どもを早く授かりたい一心で、地元のミュンヘン駅で赤児を誘拐してしまったのでした。

新聞記事を読んだラシャーは、**「これはお前ではないよな?」**と言ったそうですが、カロリーネははっきりと否定します。

しかしその後、警視総監が自ら、カロリーネの尋問を開始します。彼女は容疑を完全否定していましたが、やがてあきらめたようにすべてを告白するに至りました。カロリーネは何人かの子どもを、自宅に迎え入れたことを認めましたが、その手段については正確に覚えてすらいませんでした。

ラシャーはナチス親衛隊の籍を失い、犯罪者扱いとなりながらも「特別囚人」として人体実験は続けることになりました。しかしナチス・ドイツ降伏直前の１９４５年4月26日、何者かに首筋をピストルで打たれ、死亡しています。

カロリーネのほうは、強制収容所の独房から、夫に向けて別離の悲しみを手紙に書いていました。ラシャーは「妻が怖いんだ、彼女にはもう会いたくない」と周囲に頼み込んでいたのですが……。

その後、カロリーネは脱獄を試みて女性看守を襲撃。その罰として絞首刑にされています。

女隔離・纏足・同性愛』スーザン・マン（平凡社）／『ロンドンの怪奇伝説』仁賀克雄（メディアファクトリー）／『恋文 女帝エカテリーナ二世 発見された千百六十二通の手紙』小野理子、山口智子（アーティストハウスパブリッシャーズ）／『ムガル皇帝歴代誌』フランシス・ロビンソン（創元社）／『ナポレオン上・下』長塚隆二（文藝春秋）／『カトリック教会と性の歴史』ウタ・ランケ-ハイネマン（三交社）／『医学の歴史』William Bynum（丸善出版）／『ギロチン——処刑の文化史』吉田八岑（北宋社）／『金枝篇 第1巻 呪術と宗教の研究』J.G. フレイザー（国書刊行会）
内村俊太「16世紀後半のスペイン王国における歴史編纂」

Mme. Du Hausset『Mémoires, servant d'introduction aux Mémoires de Madame Campan』Baudouin fréres et compe
Jeanne Louise Henriette Campan『Memoirs of the Court of Marie Antoinette, Queen of France, Complete: Being the Historic Memoirs of Madam Campan, First Lady in Waiting to the Queen』Library of Alexandria
Simon Sebag Montefiore『The Romanovs: 1613-1918』Weidenfeld & Nicolson
Simon Dixon『Catherine the Great (Profiles In Power)』Routledge
Will Black『The Chinese Palace at Oranienbaum: Catherine the Great's Private Passion (Great Palaces)』Bunker Hill Pub Inc
Paul Gainey, Stewart Evans『Jack The Ripper: First American Serial Killer』Cornerstone Digital

参考文献

『ナチスの女たち　第三帝国への飛翔』アンナ・マリア・ジークムント、『ナチスの女たち　秘められた愛』アンナ・マリア・ジークムント、『ハプスブルク家史話』江村洋、『ノストラダムス百科全書』ピーター・ラメジャラー（以上、東洋書林）／『マリー・キュリー〈1・2〉』スーザン・クイン、『青年ルター　1・2』E.H. エリクソン（以上、みすず書房）／『大唐帝国の女性たち』高世瑜、『女帝のロシア』小野理子、『ジャンヌ・ダルク 歴史を生き続ける「聖女」』高山一彦（以上、岩波書店）／『切り裂きジャック』パトリシア・コーンウェル、『ノストラダムス 予言者で奇跡の医者』飛鳥昭雄、『聖遺物崇敬の心性史　西洋中世の聖性と造形』秋山聰（以上、講談社）／『楊貴妃 大唐帝国の栄華と暗転』村山吉広、『宦官 側近政治の構造（改版）』三田村泰助、『聖女の条件　万能の聖母マリアと不可能の聖女リタ』竹下節子（以上、中央公論新社）／『新・ロンドンの恐怖　切り裂きジャックの犯行と新事実』仁賀克雄、『図説 纏足の歴史』高洪興（以上、原書房）／『ヒトラーとの対話』ヘルマン・ラウシュニング（学芸書林）／『ガンジーの実像』ロベール・ドリエージュ（白水社）／『ハプスブルク家　ヨーロッパの一王朝の歴史』アーダム・ヴァントルツカ（谷沢書房）／『アドルフ・ヒトラーの一族　独裁者の隠された血筋』ヴォルフガング・シュトラール（草思社）／『ノストラダムスの生涯』竹下節子（朝日新聞社）／『クレオパトラ』ステイシー・シフ（早川書房）／『名画で読み解くハプスブルク家12の物語』中野京子（光文社）／『幻想のジャンヌ・ダルク　中世の想像力と社会』コレット・ボーヌ（昭和堂）／『真説ラスプーチン上・下』エドワード・ラジンスキー（日本放送出版協会）／『《青髯》ジル・ド・レの生涯』清水正晴（現代書館）／『阿部謹也著作集1　ハーメルンの笛吹き男・中世の星の下で』阿部謹也（筑摩書房）／『イヴァン雷帝　ロシアという謎』川又一英（新潮社）／『性からよむ中国史　男

本書は、本文庫のために書き下ろされたものです。

本当《ほんとう》は怖《こわ》い世界史《せかいし》

著者　堀江宏樹（ほりえ・ひろき）
発行者　押鐘太陽
発行所　株式会社三笠書房
〒102-0072 東京都千代田区飯田橋3-3-1
電話　03-5226-5734（営業部）03-5226-5731（編集部）
http://www.mikasashobo.co.jp
印刷　誠宏印刷
製本　ナショナル製本

 ISBN978-4-8379-6800-9 C0130

王様文庫

大人気！　堀江宏樹の「本当は怖い」シリーズ

本当は怖い日本史

あの人物、事件の陰には……

「隠された歴史」にこそ、真実がある。

■**坂本龍馬**の暗殺を指示した〝裏切り〟の人物
■亡き夫・**豊臣秀頼**の呪いに苦しみ続けた千姫
■島原の乱を率いた「**天草四郎**」は、架空の存在？
■落馬説はねつ造？　**源頼朝**の死にまつわる〝謎〟
■超能力者説が囁かれた**聖徳太子**の「予言」とは

勝者の苦悩、敗者の正義――
これまでの〝日本史観〟がひっくり返る！

勝敗と、
策略と、
欲望と、
裏切りと――

Hiroki Horie
堀江宏樹

王様文庫

K10049